Copland

科普兰

外国音乐欣赏丛书

何平/编著

人民音乐出版社·北京

目　录

名作欣赏

导语

阿龙·科普兰是20世纪美国著名的作曲家、钢琴家、指挥家、音乐评论家和音乐教育家。他用毕生的精力致力于发展美国专业音乐，为美国音乐走向世界作出了重要贡献。他那些具有“美国精神”的音乐作品，在当时乃至今日都产生了广泛而深刻的影响。从他一生的奋斗历程中可以看到，他实现了年轻时就立志要写出“美国的音乐”这一热切的愿望。

一、生平与创作道路

Aaron Copland

阿龙·科普兰

(1900 年生于纽约布鲁克林，1990 年卒于纽约北塔里敦)

科普兰生于1900年，他大约从1916年写第一首音乐习作，到1983年改编完最后一首单簧管与钢琴曲，一生中，创作了一百多首囊括各类体裁的音乐作品。同时，作为钢琴家、指挥家、音乐评论家和杰出的教师，他也在这些领域辛勤耕耘着，并结出了累累硕果。他的一生可大致分为五个创作时期。

青少年与早期习作时期

1900 年 11 月 14 日，阿龙·科普兰出生在美国纽约布鲁克林的一个普通移民家庭。他的父亲是一家小百货店的老板，原名叫哈里斯·卡普兰。他 1860 年出生于立陶宛的沙维尔，是家中八个孩子的老大。十五岁时，卡普兰离开家乡到了英国，当时一位移民局官员错误地将他的名字拼写成哈里斯·莫里斯·科普兰，于是他决定保留这个名字。在英国住了两年以后，1877 年，他来到美国纽约的布鲁克林。科普兰的母亲叫萨拉·米腾索尔，1862 年生于立陶宛。1869 年，她先到美国得克萨斯州生活和学习，1881 年她又到纽约，而后于 1885 年在纽约与哈里斯·科普兰结婚。19 世纪 90 年代，美国的家庭商店发展繁荣，科普兰家的小百货店也有了起色，这时，哈里斯·科普兰也成为布鲁克林一个古老犹太教堂的主管。

阿龙·科普兰是五个孩子中最小的，最初他是听了犹太教堂里的音乐，以及从哥哥、姐姐的音乐课程中听到的一些歌剧片段里接受音乐熏陶的。尽管没有人专门教他音乐，也没有人带他去听音乐会，他自己却逐渐爱上了音乐。他开始向比他大七岁的姐姐劳林学习钢琴，劳林也在钢琴和其他音乐知识方面认真教这位喜欢上音乐的弟弟。姐姐真可谓是科普兰最早的音乐启蒙老师了。

在学习了最初的音乐技能和知识以后，科普兰开始跟随利奥波德·沃尔夫森学习，这是他第一次正式跟随专业老师学习音乐，当时已十四岁。此后，科普兰逐渐产生了要成为一位作曲家的愿望。

在随沃尔夫森学习了大约三年以后，科普兰又随维克托·维特根斯坦及阿德勒学习钢琴。在学习钢琴的同时，他 1917 年 9 月又随鲁宾·戈德马克学习理论作曲课程。1918 年，科普兰高中毕业，但他没有继续去读大学，而是全身心地投入音乐中去。

在科普兰最初的几位教师中，戈德马克对科普兰的影响和帮助最大。戈德马克这位当时著名的音乐家曾在维也纳音乐学院学习作曲，而后又在纽约随德沃夏克学习，担任过科罗拉多大学音乐学院院长。1924 年，他又被聘为朱利亚音乐学院作曲系主任，美国很多著名音乐家都曾是他的学生，如乔治·格什温、杜索利纳·贾尼尼等。戈德马克十分重视欧洲传统音乐，他向科普兰传授和声、对位，以及他认为是音乐最高目标的奏鸣曲式，还向科普兰系统地讲授了贝多芬、瓦格纳、富克斯的作品，并介绍了穆索尔斯基、德彪西、拉威尔、斯克里亚宾、司各特等人的音乐，而对年轻的科普兰渴望学习现代作曲技法始终持保守态度。

有一次，科普兰在戈德马克房间的钢琴上看到了艾夫斯《康科德奏鸣曲》的谱子，他被深深地吸引了。这部作品是以试验风格写成的，其中采用了音簇手法，即按下放在钢琴键盘边缘的木条来产生音响。然而，戈德马克却阻止了科普兰对这部作品的学习和研究，他不希望科普兰学习艾夫斯的音乐风格。

1920 年 3 月的一天，科普兰拿着他的得意之作，幽默、诙谐的钢琴曲《猫和老鼠》让他的老师看。戈德马克看了之后遗憾地表示他不能评判这样的作品。自此，科普兰不得不写两种作品：一种是他真正感兴趣的作品，但他只能私下创作；一种是依照“规则”写的传统作品。当时，他有一位文学界的朋友阿龙·谢弗很支持他的想法，还指导他读《约翰·克利斯朵夫》等文学名著，并极力主张他去当时已是世界音乐文化中心的巴黎学习。科普兰听从了这位朋友的劝告，1920 年作出了改变他命运的决定——到巴黎去学习音乐。他开始做各种学习上的准备，积累着必要的经费。1921 年 6 月，科普兰和其他一些美国学生乘坐邮轮前往巴黎，准备到设在巴黎附近的枫丹白露，即专为美国人开办的夏季音乐学校学习。

科普兰最早的音乐作品是 1916 年写的小提琴与钢琴《随想曲》。前往巴黎之前，他陆续写了二十多首作品，大多是习作性质，而且大部分也未出版。其中，代表性作品有歌曲《古诗》《田园曲》，钢琴曲《三首情绪音乐》《猫和老鼠》。

巴黎求学与『法国爵士音乐』时期

1921 年 6 月 16 日，科普兰到达法国的勒阿弗尔，一星期后来到枫丹白露。1921 年 9 月 23 日，科普兰在枫丹白露的一场音乐会上初次亮相，演奏了他幽默、诙谑的钢琴曲《猫和老鼠》，以及《三首情绪音乐》和《十四行诗Ⅲ》，演出获得成功。这是他到法国后走出的第一步，也敲开了进入巴黎音乐界的大门。

在枫丹白露，科普兰最初是保罗·维达尔的学生，后来他听说了纳迪娅·布朗热的名字。这位女教师的声望在当时正与日俱增，经过认真考虑，科普兰打消了不拜女人为师的想法，找到布朗热并请求做她的学生。就这样，科普兰成为布朗热的第一位美国学生。

布朗热是一位知识渊博的教师和作曲家，毕业于巴黎音乐学院，后任该院教授。她不仅通晓音乐史上各类音乐风格的作品，而且对现代音乐发展也十分熟悉。在教学中，她十分注意发现、培养和保护学生的创作个性，不断鼓励、激发他们对音乐的爱。她向科普兰讲授了广泛的音乐知识，并介绍了大量现代音乐作品，如斯特拉文斯基、马勒、米约、奥涅格、鲁塞尔等人的作品，这使科普兰收获很大。在随这位热情和令人敬佩的女教师学习的三年中，科普兰还介绍其他美国学生到她这里学习。在布朗热的学生中，有很多人后来成为有影响力的作曲家，如埃利奥特·卡特、菲利普·格拉斯、罗伊·哈里斯、沃尔特·辟斯顿、弗吉尔·汤姆森，等等。

科普兰在巴黎时，正值第一次世界大战结

束，欧洲音乐文化的中心已转移到巴黎，那里云集了像拉威尔、斯特拉文斯基、萨蒂、鲁塞尔、普罗科菲耶夫，以及法国“六人团”成员等许多著名作曲家。他们的音乐为科普兰展现了一个新世界，他感到这个世界与他的理想完全一致。在巴黎，科普兰还结识了当时的文学巨匠詹姆斯·乔伊斯、欧内斯特·海明威、埃兹拉·庞德等。经布朗热介绍，他还认识了指挥家谢尔盖·库谢维茨基。后来，库谢维茨基在向世人介绍科普兰的作品方面起到了重要作用。科普兰与普罗科菲耶夫、鲁塞尔、米约等人交往密切，观看了佳吉列夫的芭蕾舞剧演出，出席了由库谢维茨基指挥、拉威尔配器的管弦乐版《图画展览会》的首演，并在瓦因斯指导下学习、研究法国钢琴音乐。他还听从了布朗热的劝告，在暑假期间游历了伦敦、罗马、柏林、维也纳、萨尔茨堡等地。在这些地方，他研究了韦伯恩、巴托克、哈巴、欣德米特、魏尔及其他许多作曲家的作品。所有这些，大大开阔了科普兰的艺术视野，并深深影响着他日后的音乐创作风格。

在巴黎学习的几年中，科普兰对斯特拉文斯基的作品感受最深，马勒的多声部音乐和管弦乐队编制对他影响也很大（布朗热曾指导科普兰着重研究马勒《大地之歌》的配器部分）。这从他后来那些节奏复杂的作品，以及大型交响曲的庞大乐队编制中就可以看出。在艺术观、世界观上，科普兰还受到当时在巴黎与他同住一屋的、后来成为著名戏剧评论家的哈罗德·克勒曼的影响。当时，克勒曼在巴黎大学学习戏剧文学，他帮助和促进了科普兰去建立自己的音乐世界。其实，科普兰在受到欧洲现代音乐和法国音乐影响的同时，也在考虑如何写出“美国式”的音乐。他渴望写出很快能被认出是美国风格的作品并开始学习爵士乐。在探索中，科普兰逐渐培养起宏大的戏剧性和悲剧性观念。

到巴黎不久，科普兰的作品便得到了音乐评论界的认可。1922 年，他的歌曲《古诗》和钢琴曲《帕萨卡利亚》由出版德彪西和拉威尔作品的法国出版商杜兰德出版。这是科普兰作品中出版最早的两首作品，其意义远远超过作品本身，这是一位年轻的美国人获得卓越成就的象征。

科普兰的第一部管弦乐作品是1922年开始创作的独幕芭蕾舞剧《格罗格》的音乐，这是他看了德国恐怖电影《夜莺》之后而引发的创作灵感。剧本由克勒曼编写，讲述的是一个从死人身上吸血的吸血鬼的故事。在那个时代，每位作曲家都要有一部芭蕾舞剧音乐，如佳吉列夫芭蕾舞团就一直邀请斯特拉文斯基、普罗科菲耶夫，以及其他著名作曲家为他们创作，所以科普兰很自然地创作了这部作品。作品于1925年完成，尽管科普兰在这部作品上花费了相当多的时间，但它始终未能被演出。不过，作曲家从中改编了选段《送丧行列》，于1925年5月1日，由汉森指挥罗切斯特爱乐管弦乐团在罗切斯特首演。1930年，他选出三段音乐改编为《舞蹈交响曲》，于1931年4月15日，由斯托科夫斯基指挥费城管弦乐团在费城首演。之后，他还将剧中选段《青春的舞蹈》改编为钢琴作品。整体来看,《格罗格》的音乐表现出了与斯特拉文斯基相似的节奏和透明的器乐音响色彩。

1923 年春夏之际，科普兰分别在巴黎和维也纳创作了弦乐四重奏《两首小曲》和女高音独唱、长笛与单簧管伴奏的歌曲《碰上一天》，并于 1924 年分别首演。

1924 年 6 月，科普兰回到纽约。就在科普兰回国前不久，布朗热受到库谢维茨基和达姆罗施的邀请，作为管风琴演奏家与波士顿交响乐团和纽约交响乐团合作演出。为此，她十分信任并有预见性地请年轻的科普兰为她的演出写一部作品。1924 年夏，科普兰着手创作《管风琴交响曲》。同时，他还在宾夕法尼亚的米尔福德，为维持生活在一个三重奏组里演奏钢琴。尽管创作环境不佳,科普兰仍在当年秋天完成了全部作品。

1925 年 1 月 11 日在纽约，布朗热与达姆罗施指挥的纽约交响乐团合作首演了《管风琴交响曲》，这是科普兰管弦乐作品中第一部得到演出的作品。作品中那些具有现代音乐特点的刺耳的音响令一些年老的观众震惊，以致在演奏结束时指挥家不得不对观众说：“如果一位青年人在二十三岁时写出这样一首交响曲，那五年以后，他将随时会成为杀人犯。”他用这种方式使观众平静下来，以便继续后面的演出。后来，科普兰幽默地回忆道：“很幸运，不管怎样，他的预言没能实现。”1925年2月，库谢维茨基指挥波士顿交响乐团在波士顿第二次演出了这部作品。这次演出后，科普兰与库谢维茨基一直保持着珍贵的友谊。1928年，科普兰将此曲改编为《第一交响曲》，去掉了管风琴，增加了一些管乐器，以及钢琴、钟琴、锣等进行编配。1931年12月9日在柏林，由昂塞尔梅指挥柏林交响乐团首演了《第一交响曲》。

《管风琴交响曲》某种程度上表现出科普兰逐步形成的宏大的戏剧性和悲剧性观念。同时，受德彪西、拉威尔、米约、斯特拉文斯基等人在作品中运用爵士乐元素的启发，科普兰也将一些切分节奏、复节奏、布鲁斯音程用于创作中，以实现他要写出“美国的音乐”的愿望。这些在《格罗格》和《管风琴交响曲》中都已有所体现。在1925年创作的《剧院音乐》中，这些爵士乐和复节奏元素就更多地表现出来。

《剧院音乐》是一首小型的管弦乐组曲，全曲由五部分组成，没有特定的文学或戏剧内容。作品是在库谢维茨基建议下，由美国作曲家联盟邀请科普兰创作的，作于1925年5月。之后，在新罕布什尔州的彼得伯勒的麦克道尔之家，作曲家完成了大部分写作，9月在纽约最后完稿。1925年11月20日，库谢维茨基指挥波士顿交响乐团在波士顿首演这部作品。这一年，科普兰获得了古根海姆研究员基金，共2,500美元，这是此基金第一次赞助一位音乐家。

在纽约，科普兰与克勒曼一直保持着他们在巴黎建立起来的友谊。1926年，两位年轻人回到巴黎，并一直住了六个月。科普兰看望了他的恩师布朗热，进一步加深了与她的师生情谊，并第一次见到了罗杰·塞欣斯。这一年，他创作了《四弦琴小夜曲》和《夜曲》，钢琴独奏《伤感的旋律》，以及充满爵士乐特征的《钢琴协奏曲》。

1924 年 2 月 12 日，乔治·格什温的《蓝色狂想曲》使听众大为惊奇，1925 年他又创作了《F 大调钢琴协奏曲》，被认为是第一部采用"美国语言"的乐队协奏曲，并且反响强烈。然而，科普兰 1926 年完成的《钢琴协奏曲》尽管具有爵士乐特征，但却不同于格什温的作品。这部作品由两个连续演奏的乐章构成，第一乐章是抒情性的，运用了布鲁斯音调；第二乐章突然进入活跃的快板，并伴随着急切和嘲笑的口吻；钢琴部分具有浓郁的爵士乐特点，还采用了稍显突兀的华彩乐段；全曲表现出勇往直前、积极向上的精神。作品中除了在钢琴部分运用爵士乐以外，科普兰还创造了一些新的东西，即一个爵士乐队附加管弦乐队的配置；增加了中国鼓，用刷子刷鼓边；钢琴即兴演奏主音、属音等，来为高音萨克斯管、短笛、降 E 调单簧管，以及加弱音器的小号和长号伴奏，且每个轮次都有即兴的独奏华彩乐段；运用复节奏和不断变换的节拍，如$\frac{7}{8}$、$\frac{5}{8}$、$\frac{9}{8}$、$\frac{1}{8}$拍等。

《钢琴协奏曲》是作曲家集中采用爵士乐作为主要素材的最后一部作品，1927 年 1 月 28 日在波士顿，由科普兰本人担任钢琴独奏，库谢维茨基指挥波士顿交响乐团作了首演。作品的强烈特性引出截然不同的评论。《波士顿先驱报》的菲利普 · 黑尔评论说："对这部作品，我们很少发现它有诱惑力和赞美，而更多的是引起反感。"但是，劳伦斯·吉尔曼却评论这部作品由于有"生活的成熟和真实性，从而使作品马上成为活跃和可贵的珍品"。

1927 年 4 月，科普兰再次来到欧洲。他一边学习最新的音乐知识，一边推动美国与欧洲的音乐交流与合作。回国后，他接替了保罗 · 罗森菲尔德，在纽约社会研究新学院讲课，在此任教一直到 1937 年。后来，他将在此十年的讲稿和文章整理成《怎样欣赏音乐》和《我们的新音乐》

两本书。这两本书被译成多种文字广为流传，并受到普遍的赞赏。

1928 年，科普兰与当时还生活在欧洲的塞欣斯共同组织了“科普兰—塞欣斯音乐会”，用以推动美国青年作曲家作品的演出。这个音乐会 1928~1931 年共举办了十次，除了演出美国青年作曲家的新作品外，也有少数其他国家青年作曲家的作品。这个音乐会鼓舞了青年作曲家的创作热情，为美国音乐事业的发展作出了贡献。

1929 年，科普兰相继完成了两部重要的新作品。一部是他从 1928 年开始创作的第一部重要的室内乐作品——钢琴三重奏《维捷布斯克》，这是他从犹太音乐中获得的灵感。在第一主题中，他使用了四分之一音，以模仿犹太教堂领唱者的花唱。另一部是他从 1927 年开始创作的管弦乐作品《交响颂歌》。这部作品是应邀为庆祝波士顿交响乐团成立五十周年而作，虽于 1929 年 9 月完成，但直到 1932 年 2 月 19 日才由库谢维茨基指挥波士顿交响乐团在波士顿首演。或许是由于作品的节奏较为复杂，即使像波士顿交响乐团这样高水准的乐团，队员们在排练时要跟上节拍的变化也很困难。指挥不得不建议作曲家将乐谱的节拍稍作改动，以使复杂的节奏变得容易演奏些。

对待这部作品，科普兰花费了不少心血，也从不草率地完成它。1929 年，美国无线电胜利公司举行了一次管弦乐作品比赛。科普兰原打算用《交响颂歌》参赛，后来考虑这样一部管弦乐作品是不能仓促完成的，为了能在截止日期前送上参赛作品，他用了七天时间夜以继日地根据《格罗格》的音乐改编完成了《舞蹈交响曲》。这部参赛作品获得了成功，并赢得 5,000 美元奖金。从这件事可以看出，科普兰对《交响颂歌》创作的审慎态度。

科普兰对《交响颂歌》的标题曾作出这样的解释："它不意味着暗指与文学思想的某些联系，也不是一个对任何事物的颂歌。与特定的精神不同，它建立在音乐自身之中。特定的精神是什么，不是我这部作品要说的。”这部作品在某种程度上表现出科普兰那宏大的戏剧性和悲剧性观念，同时，也标志着这一时期创作的结束。

这一时期作品的主要特点表现为明显受到在巴黎学习期间接触到的欧洲现代音乐的影响，如不协和音的大量使用。同时，由于美国爵士乐的兴起，作曲家带着要让作品很快能听出来是“美国的”强烈愿望，而努力挖掘爵士乐的表现力并用于自己的创作中，形成了法国风格的作曲倾向与爵士乐手法相结合的音乐语言。然而，此时的爵士乐仅仅是美国风格的一种标记，还不是作曲家自己的表达方式。这一点科普兰也清楚地看到了，他说：“借用现成音调的确已成为美国式的最容易的途径。可是，一切美国式的音乐不可能仅仅依靠爵士乐的两个主要形态，布鲁斯和活泼的片段而写成。”科普兰要寻找一种新的音乐语言，因此，他在之后的创作中加强了“抽象性”的风格，更多地强调技术上的表现。

科普兰在20世纪20年代中叶回到美国，当时美国本土正出现广泛地寻求文化中的“美国主义”的运动。前进的纽约人也渴望赶超当时已成为世界音乐文化中心的巴黎。科普兰置身于探索美国风格的作曲家行列中进行着不懈努力。他很快得到了社会各界的支持，如罗森菲尔德、沃特海姆、库谢维茨基、麦克道尔之家、古根海姆基金会等个人和团体的赞助。他自己也作出了响亮的回答。

1928 年，科普兰加入了美国作曲家联盟，并继续着他从 1925 年便已开始的、为这个组织的期刊《现代音乐》撰写文章的工作。他的许多文章表现出他对美国青年作曲家的成长抱有极大的热忱和坚定的信心。他还参与了科斯—科布出版社（以后改名为箭音乐出版社）、雅多之春音乐节、美国音乐中心的组织和创办工作。

『抽象音乐』时期

1930 年，科普兰创作了《钢琴变奏曲》，这是他的第一部大型钢琴作品，也标志着一个向绝对音乐[①]迈进的新篇章。这部作品与不久以后的《短交响曲》《声明》都是其新创作时期的代表作品。它们在音响上更节制、结构上更简朴、乐意构思重点放在逻辑推理上，表现出作曲家对"抽象的、结构性的"音乐的兴趣。这些作品中已没

① 绝对音乐：单纯的器乐音乐，既非描绘性的音乐（如标题音乐），也无实际目的（如舞曲音乐）。

有了早期爵士乐的影响，并在某种程度上表现出对刚出现的十二音技法进行运用的端倪。

现在的评论界普遍评价《钢琴变奏曲》是一部优秀的作品，而当时对这部作品的评价并不高，主要由于它贫弱的结构和片段性的旋律等抽象的写法，在当时是很难让人理解的（即使现在，这些抽象写法的作品也是较难理解和演奏的）。全曲采用了一种基本上是类似“禁欲主义”的风格。这种风格既没有受早期爵士乐的影响，也没有全音阶旋律与和声，以及《钢琴协奏曲》《第一交响曲》的抒情性。音乐开始是一个五音序列动机。这个五音序列是全曲的基础，由一个坚定有力的旋律样式呈现出来，并且用富于独创性的变奏手法贯穿全曲。从乐曲中可以看到作曲家受斯特拉文斯基等人的影响创作的一个用简洁手法写作的范例，我们几乎不能找到比它更好的作品了。1931 年 1 月 4 日，美国作曲家联盟在纽约举办的一个音乐会上，科普兰亲自首演了这部作品。

1931 年 4 月，科普兰和鲍尔斯来到欧洲，访问了巴黎、柏林、伦敦，而后又去了摩洛哥。1932 年，他遇见了卡洛斯·查维斯。查维斯是墨西哥国立音乐学院院长和墨西哥交响乐团指挥，是一位新音乐的积极支持者，一位具有独创性的作曲家。他的许多作品都是运用现代语汇来表现印第安民间音乐特色。这一年，他邀请科普兰访问了墨西哥。在墨西哥时，科普兰听了查维斯的作品并留下良好印象，之后两人一直保持着联系。同时，科普兰还接触到了墨西哥民间音乐，那些复杂的节奏深深地吸引了他。这次墨西哥之行对他后来一些作品的创作产生很大的影响。

1932~1933 年，科普兰创作了《短交响曲》（又名《第二交响曲》）。这是一部没有定音鼓、打击乐和长号的中等规模的管弦乐作品，但它用了海克尔双簧管与英国管相配。海克尔双簧管相当于低音双簧管乐器，音域比一般双簧管低八度，现在几乎不用了。这部作品节奏很复杂，对演奏者来说有一定的难度。第一乐章中有一段很特别的音乐，即开头的 82 小节全部为齐奏，只有开头处强调的和弦及二声部对位式的简短经过句除外。这种手法，在管弦乐写作中可谓不寻常。

这部作品是题献给查维斯的，1934 年 11 月 23 日在墨西哥城由查维斯指挥墨西哥交响乐团首演。由于这部作品演奏上的难度，在首演后的近十年中，尽管在美国也有不少演出机会，但始终未能上演，直到 1944 年，才由斯托科夫斯基指挥美国全国广播公司交响乐团演出。然而，1962 年，这部作品还是在一次已安排好的音乐会上取消，原因是没有充足的时间去排练准备，由此可见它的演奏难度。鉴于演出的问题，科普兰在 1937 年将作品改编为单簧管、钢琴和弦乐四重奏的《六重奏》。全曲除了去掉结束处的两个和弦以外，基本保持《短交响曲》的原貌，但在一些小节线和节拍记号上作了调整，使复杂的节奏变得更容易阅读。由于《六重奏》需要的乐队人员不多，演奏也相对容易，因此在音乐会上能够经常听到。

1934 年，科普兰创作了两幕芭蕾舞剧音乐作品《你们听啊！你们听啊！》，这是他的第二部芭蕾舞剧音乐作品，舞蹈设计是佩奇。作品由佩奇芭蕾舞团于1934年11月30日在芝加哥歌剧院首演。这部作品后来一直没有出版，也没有像他的《格罗格》和之后的几部芭蕾舞剧音乐作品那样被改编为适用于音乐会的管弦乐作品。

这个时期的最后一部管弦乐作品《声明》完成于1935年夏，是应美国作曲家联盟之邀而作。作品在1936年1月9日第一次演出时只演奏了最后两段，直到1942年1月7日在纽约才由迪米特里·米特罗普洛斯指挥纽约爱乐管弦乐团演出了完整作品。全曲由六段附有标题的乐曲组成，它们是：Ⅰ.战斗、Ⅱ.神秘、Ⅲ.教条、Ⅳ.主观、Ⅴ.侵略主义者、Ⅵ.预言家。在首演的节目单里，科普兰对作品作了这样的说明："选择'声明'这样一个标题，是为了表明它是一个简短的、持续近三分钟的、性格鲜明的管弦乐篇章。各个独立的乐章加上可引起联想的标题，是为了加强听众对作曲家当时写这部作品时脑子里想些什么的理解。”作曲家在第Ⅲ段里引用了《钢琴变奏曲》的曲调，在第V段里采用了一首流行小调《纽约的人行道》。

这个时期，科普兰虽然把创作的重点放在“抽象性”的作品上，但他已开始注意到要从作曲家的作用和大众的需求两方面来考虑音乐的表达。他开始接触一些大众戏剧、音乐团体；接受青年作曲家们的邀请，去指导他们研究现代音乐；在“雅多之春”音乐节上呼吁大家要重视音乐评论工作；还创作了大众歌曲《五一到大街去》。在1935年夏，他又写了女声合唱《我们播种什么？》，儿童钢琴曲《星期日午后音乐》《少年拓荒者》等大众化的音乐作品。科普兰的创作开始进入一个新时期。

『实用音乐』——戏剧音乐时期

20 世纪 30 年代中期，世界经济和政治危机加深，美国经济也急剧衰退。随着社会环境的变化，文化艺术也发生了转变。同那个时代的其他艺术家一样，科普兰的抽象音乐作品的听众日益减少。他愈发对热爱音乐的听众与当时作曲家之间的关系感到不满意。他说："我似乎感到作曲家在真空里工作的危险，而一个大众音乐的新集体已经在收音机和留声机周围成长起来。这使得我们没有理由去忽视他们，或者仿佛他们不存在似的继续写下去。我感觉到努力去注意用最简单的音乐语言来表达我要说的事情是值得的。”这时，科普兰的创作思想发生了突变。他不再追求创作那些令人难以理解的作品，而加强了对剧场、舞蹈、电影、学校等音乐形式的关注，开始创作大量通俗易懂的“实用音乐”和戏剧音乐，并努力从民间音乐中汲取素材。

1936 年，科普兰完成了管弦乐《墨西哥沙龙》。这是科普兰第一部在世界范围内流行的成功之作，也是从热衷于抽象技术的表现形式转到“音乐应使大众易于理解”的第一部作品。创作这部作品的想法始于 1932 年访问墨西哥时，墨西哥的民间音乐触发了他的创作灵感。在墨西哥城的沙龙舞厅，科普兰听到了有着不对称的节奏和鲜明色彩的墨西哥民间音乐，亲身体会到了舞厅中那浓郁的墨西哥风俗情调。这些给他留下很深的印象，成为他日后作品创作的基石。《墨西哥沙龙》是一部生动、轻松的作品，1937 年 8 月 25 日在墨西哥城由查维斯指挥墨西哥交响乐团首演。这部作品最早的录音是由库谢维茨基指挥波士顿交响乐团灌制的，这也把科普兰的音乐带给了听众、传向了世界。由于这部作品，科普兰与“布西和霍克斯出版社”签订了合约，这家出版社成为科普兰作品的永久出版商。

这一年，科普兰还创作了他的第一部歌剧《第二次风暴》。这是专为高中生表演而创作的歌剧，由登比撰写歌剧脚本，讲述的是一个学校的校长和六名学生面对飓风和洪水的冒险经历。为适应未经训练的业余表演者的水平，音乐采用较简单的形式。在作品中，科普兰运用了民间歌曲和其他有民间特色的曲调，于 1937 年 4 月 21 日在纽约戏剧剧院首演。

继《第二次风暴》演出成功之后，科普兰在 1937 年又写了一部为中学生演奏的管弦乐《户外序曲》。作品题献给了纽约音乐和艺术高中，并由这个中学的管弦乐队于 1938 年 12 月 16 日在纽约首演，阿尔特·里克特指挥。1941 年，这部作品被改编为管乐曲，以适应广场演出的需要。1942 年 6 月，科普兰指挥戈德曼管乐队作了首演。

1937 年，科普兰还应哥伦比亚广播公司之邀，创作了管弦乐《无线电音乐》。同年 7 月 25 日在纽约的广播中首播后，哥伦比亚广播公司还组织了一个为作品提名副标题的比赛，当时选中的名字是《草原叙事》。1968 年，这部作品更名为《草原日记》。

1937 年，科普兰成为美国作曲家联盟主席。这个组织的主要宗旨是保护美国作曲家作品的表演权力。科普兰一直任职到 1945 年，为此付出了大量精力。当时的执行委员会成员都是在美国有影响的音乐家，包括：鲍尔、哈里斯、利伯森、穆尔、波特、里格、西格迈斯特、塞欣斯等人。

科普兰第一部通俗风格的芭蕾舞剧音乐作品《小伙子比利》创作于 1938 年，是为卡拉万芭蕾舞团而作，舞蹈设计是尤金·洛林。音乐中运用了数个牛仔曲调，如《老基肖尔姆的小路》《走吧，小马驹》《再见，老朋特》《不要把我埋葬在荒凉的草原上》等。这些曲调的运用已摆脱了贴标签式的方法，完全融进科普兰自己的创作风格之中。作品于1938年10月6日在芝加哥首演，获得很大成功。同年，作曲家又从作品中选取了七段音乐改编为管弦乐组曲，大约占整部芭蕾舞剧音乐的三分之二，于1940年11月9日在纽约首演。这部作品的成功吸引了蒙特卡罗俄罗斯芭蕾舞团,他们请科普兰创作一部“牛仔芭蕾”音乐。这样，科普兰于1942年5月至9月创作了他的第四部芭蕾舞剧音乐作品《牧区竞技》，由阿吉内斯·德·米尔作舞蹈设计。故事讲述的是一位牛仔姑娘经过努力最后得到了她的牛仔恋人，整部作品具有浓郁的美国西部风情。芭蕾舞剧于当年10月16日在纽约大都会歌剧院，由蒙特卡罗俄罗斯芭蕾舞团首演。1943年，科普兰将其改编为管弦乐组曲。这首组曲成了人们最经常听到的科普兰的作品之一。

1939年，科普兰应好友克勒曼之邀，创作了室内乐《寂静的城》，这是为欧文·肖的实验性戏剧所作的配乐。第二年，科普兰又将它改编为由英国管、小号和弦乐演奏的作品。这部作品是科普兰最喜爱的短小作品之一，被多次录制成唱片,在音乐会上也能经常听到。从这一年开始，科普兰陆续为十几部戏剧、木偶节目、电影写了配乐。他创作的电影音乐为当时好莱坞树立了新的电影音乐标准，打破了科普兰称之为“德沃夏克—柴科夫斯基特征的音乐”一统好莱坞的局面，使电影音乐更紧密地与电影的特定内容相联系。其中，1948 年为电影《女继承人》写的音乐在 1949 年获得了美国电影艺术与科学学院的奥斯卡奖。他的八部电影配乐是:《城市》《鼠与人》《我们的城镇》《北极星》《卡明顿的故事》《小红马》《女继承人》《狂物》。

1940 年，库谢维茨基在伯克希尔音乐中心创办了暑期音乐学校，对有天赋的学生进行培养，并为波士顿交响乐团输送人才。库谢维茨基认为，最好的学生应得到最好的教师。于是，他聘请科普兰为教师和顾问，并担任作曲部门的负责人，还聘请了欣德米特为客座教师。他自己亲自训练年轻的指挥和管弦乐队的学生，领导管弦乐队的演出。不久，科普兰继任校长，并在每年暑假都担任这个职务，直到1965年退休。后来，科普兰回忆说：“这是我和美国最有影响的年轻音乐家们发生联系的一个时期。我的夏季充满了广播电视讲座、讲演、讨论、排练、音乐会、作曲课等，这是令人兴奋和富有成效的时期。”的确，在这二十五年中，科普兰付出了辛勤的劳动，教授的作曲学生有三四百人。

实际上，科普兰尝试做教师工作早在1924年便已开始了，之后又任教于纽约社会研究新学院。他待人热情诚恳，与学生关系一直很好。不仅如此，科普兰还慷慨地帮助过许多作曲家教师同事，如查维斯、西特科维茨、塔克米茨、德·特迪西等。在具体创作上，他总是更多地予以鼓励，支持他们的想法和创造力，而很少指手画脚。他希望那些年轻的作曲家在促进美国音乐发展的进程中超过他及他的同时代人。在科普兰的学生中很多人后来成为著名的美国音乐家，如保罗·鲍尔斯、亚历克斯·诺思、内德·罗勒姆等。

1941 年，科普兰作为泛美事务协调员出访南美洲。1947 年，他再次代表美国政府作为一名文化使者访问了拉丁美洲。他与六七十位作曲家进行了广泛的接触，并在许多方面介绍和宣传罗斯福总统的“睦邻政策”。由此，可看出他在美国音乐界的重要地位。

科普兰一生写过两部朗诵与管弦乐作品，一部是《林肯肖像》，一部是《庄严时刻的序言》。《林肯肖像》写于 1942 年，是应科斯特拉内茨之邀而作。这是一部极为成功的音乐作品，它为朗诵者和管弦乐队安排了林肯的语录，包括林肯著名的“葛底斯堡演说”及其他讲话、书信的内容。当时，科斯特拉内茨同时邀请科普兰、汤姆森、克恩三位美国作曲家创作一组美国英雄人物的音乐肖像作品。起初，科普兰提出写文学家惠特曼，但此时克恩已经开始在写一位文学家了。科斯特拉内茨希望避免文学人物的重复创作，这样，科普兰考虑了杰弗逊，但最终还是决定写林肯。

科普兰的朋友汤姆森是一位在音乐肖像写作上有长期实践经验的作曲家。他曾试图劝阻科普兰不要写这样一类崇高题材的作品，因为像林肯这样一位卓越的人物，恐怕没有哪位作曲家能使自己的音乐与他相匹配。科普兰也充分意识到了这种危险，并回忆起老师戈德马克曾在 1919 年写过管弦乐挽歌《根据林肯葛底斯堡演说而作的追思曲》。在这部作品中，戈德马克用小号来表现美国的信念。自己能否成功呢？科普兰没有犹豫而是继续创作下去，他要创造一个新的肖像类型。他认真、仔细地研究了林肯的许多演说、书信，决定避免全部引用人人皆知的林肯名言，并选用了一些林肯时代和早期的美国音调，如斯蒂芬·福斯特的《坎普敦赛马》和 1840 年出版的一首民谣《斯普林菲尔德山地》。随着第二次世界大战的爆发，林肯讲演中那些激动人心的话语，特别是“民有，民治，民享的政府，是不会从地球上消灭的”这句名言，在 1942 年有着特殊的意义。科普兰的音乐更增添了讲话的激情和力量，令人感动。作品于1942年5月14日在辛辛那提，由科斯特拉内茨指挥辛辛那提交响乐团首演。时隔不久，同年7月4日又作了一次露天演出，罗斯福总统夫人，以及参众两院和内阁成员均出席观看。此后，这部作品经常在广播中播出，朗诵词也被译成十几种文字，在全世界享有很高声誉。

《庄严时刻的序言》写于1949年，是应美国全国广播公司之邀，为纪念联合国人权宣言的诞生而作，朗诵词采用了联合国宪章开头的词句。1949年12月10日，这部作品在纽约卡内基礼堂举行了隆重的首演，伯恩斯坦指挥波士顿交响乐团演奏。担任朗诵的是以扮演莎士比亚戏剧人物著称的英国著名演员、导演，两届奥斯卡奖获得者劳伦斯·奥利维尔。

1942年，为庆祝美国作曲家联盟成立二十周年，科普兰创作了双钢琴曲《古巴舞曲》。1945年，作曲家又将其改编为管弦乐曲。这部作品被看作是“旅行纪念物”式作品《墨西哥沙龙》的姊妹篇。同年，科普兰还写了铜管与打击乐作品《普通人的号角花彩》。当时，古森斯邀请十位美国作曲家创作雄壮宏伟的管乐作品作为辛辛那提交响乐团1942~1943年演出季的曲目。作品于1943年3月12日由古森斯指挥辛辛那提交响乐团首演。这部作品与《林肯肖像》一样，在战争年代起到了很大的鼓舞人心的作用。它那雄浑的气势、催人奋进的力量，使这部作品一直作为胜利的象征，并常常在重大场合演奏。它与《林肯肖像》都被认为是“实用音乐”的经典。在科普兰的《第三交响曲》中，还将其用于第四乐章的开始。

科普兰唯一的一首《小提琴奏鸣曲》创作于1943年，是为了纪念1943年在战斗中牺牲的海军上尉哈里·邓纳姆。也许是与纪念的情绪有关，或是想让作品更贴近大众，乐曲采用了与民间歌曲有着紧密联系的简朴风格的旋律。这部作品的旋律素材比较原始，大部分音乐类似赞美诗中的田园曲风格，情绪哀婉、结构稀松。科普兰很珍视这部作品，他一生的最后一部作品就是 1983 年根据这部作品改编的单簧管与钢琴《奏鸣曲》。此时，科普兰已是一位八十三岁的老人了。

1943~1944 年，科普兰应伊丽莎白·斯普拉格·库利奇基金会之邀，为玛莎·格雷厄姆创作了他最优秀的代表作——芭蕾舞剧音乐《阿巴拉契亚之春》(舞蹈设计是格雷厄姆)。舞剧讲述的是 19 世纪初的一个春天，美国宾夕法尼亚州一个农庄的婚礼。音乐表现出阿巴拉契亚的民间风格，其中完整引用了一首宗教歌曲《简单的礼物》，并将它作了一组变奏。这部作品最早是写给十三件乐器演奏的，1944 年 10 月 30 日，芭蕾舞剧由格雷厄姆舞蹈团在华盛顿国会图书馆首演。1945 年春，科普兰将其改编为包含八段音乐的完整的管弦乐队组曲。1945 年 10 月 4 日，在纽约由罗津斯基指挥纽约爱乐管弦乐团首演。这部作品在采用欧洲现代作曲技巧、吸收融合民间音乐素材、如何用通俗的创作方法表现复杂的现代作曲技法方面，都达到了完美的境地，集中体现了这个时期的创作特征，成为科普兰创作“美国的音乐”的范例。这部管弦乐队组曲几乎成了科普兰的代名词，还为科普兰赢得了两项奖励，即 1945 年普利策音乐奖和纽约音乐评论中心授予的 1944~1945 年演出季杰出戏剧作品奖。

在这一时期，科普兰还间或采用严肃、激烈的创作手法，为音乐厅听众创作了一些较为艰深和成熟的作品，但在作品中仍然流露出吸收民间音乐的倾向和对早期音乐语言的回顾。从本质上说，它表现出科普兰在创作上多方面的思考和开拓。

科普兰从 1939 年开始创作的《钢琴奏鸣曲》，于 1941 年才在南美洲完成。这部作品距他完成《钢琴变奏曲》大约有十年的光景，然而它与《钢琴变奏曲》一样，亦是一部饱含严肃与个性的作品。它的每一个音符都经过精心筛选，音乐各方面都极为严谨，主题材料也没有有意地吸收民歌，全曲表现出一种内在的坚强意志。对这部绝对音乐作品，纽约音乐评论界在 1943 年用较温和的态度默默地接受了。

1944~1946 年创作的《第三交响曲》，是应库谢维茨基音乐基金会之邀而作，题献给纳塔利·库谢维茨基。它是科普兰管弦乐作品中最长大、给人印象最深刻的大型管弦乐作品，全曲长达 43 分钟。尽管科普兰强调，作品中不包含民间和通俗的材料，但是民间歌曲和舞蹈的特点仍在作品中多次体现。尤其在第三和第四乐章，有很多抒情的段落让人联想到民间歌曲。作品完美地表现了科普兰那宏大的戏剧性和悲剧性观念，同时在音乐结构方面也有所突破。例如，在套曲曲式的框架内，第一乐章在全曲中仅起序曲的作用，未采用传统的奏鸣曲式，而采用三部曲式；全曲的核心是第四乐章，采用副部主题在展开部中出现的奏鸣曲式，由《普通人的号角花彩》开始，为终曲乐章的宏大气势奠定了基础。从这部作品中可以看出作曲家驾驭大型管弦乐作品的能力和娴熟的写作技巧。1946 年 10 月 18 日，在波士顿由谢尔盖·库谢维茨基指挥波士顿交响乐团首演了这部作品，受到纽约音乐评论界的赞扬，称为1946~1947年演出季中最好的管弦乐作品。

创作于1947~1948年的《单簧管协奏曲》是特意为本尼·古德曼而作，乐队由弦乐、竖琴和钢琴组成。古德曼是20世纪美国杰出的单簧管演奏家和指挥家，由于他创造了节奏轻快、即兴演奏的爵士摇滚乐，而被称为“摇滚乐之王”。这是一部充满爵士乐风格的作品。在这部为其量身打造的作品中，科普兰安排了两个乐章。第一乐章是抒情的慢板，尔后是一段快速的、由演奏家自由发挥的华彩乐段，并作为与第二乐章的连接段落。第二乐章是爵士乐。1950年11月6日，美国全国广播公司广播电台播出了由古德曼演奏单簧管、赖纳指挥美国全国广播公司交响乐团协奏的作品录音。紧接着，11月23日，奥曼迪指挥费城管弦乐团与麦克莱恩合作，在音乐会上首演了这部作品。

在科普兰的音乐作品中，有一些作品曾被舞

蹈家们用作舞蹈音乐，尽管这些作品并非专为舞蹈而作。例如，《美国的奥林匹斯山》就采用了钢琴曲《帕萨卡利亚》的音乐；格雷厄姆在《酒神赞歌》中采用了《钢琴变奏曲》的音乐；杰罗姆·罗宾斯在 1951 年将这部《单簧管协奏曲》作为纽约城市芭蕾舞团的芭蕾舞《皮德·皮波》的音乐。

从 1947 年起，科普兰开始了他的指挥生涯。早在 1946 年春，科普兰在芝加哥音乐学院时，恰逢辛辛那提交响乐团到此旅行演出，不巧指挥古森斯病了，由于演出曲目中有《阿巴拉契亚之春》，因此，乐团负责人希望科普兰能出任指挥。但因演奏的曲目中尚有其他作品，科普兰来不及准备，也没有把握，只好放弃了。这件事对他触动很大，从那以后他决定要学好指挥。他努力着，并对自己的成功充满信心。机会终于来了，1947 年，当科普兰第二次出访拉丁美洲时，查维斯邀请他指挥墨西哥交响乐团演奏他自己的《第三交响曲》，演出获得成功。此后，科普兰在罗马、的里雅斯特、苏黎世、伦敦、巴黎、慕尼黑，以及美国、澳大利亚和亚洲的许多地方指挥。他在世界多地的五十多个交响乐团工作过，不仅指挥演出他自己的作品，而且指挥了包括柴科夫斯基《第五交响曲》在内的许多作曲家的作品。他指挥演奏的录音已成为他最动人的音乐遗产之一。

在科普兰的创作生涯中，虽然已经写了一些独唱及合唱歌曲，但直到1950年，他才完成了其主要的声乐作品。在此之前，他于1947年创作了他的唯一的大型合唱作品《太初》，这是为1947年5月哈佛大学的音乐评论会而作。作品采用女中音独唱与无伴奏合唱形式，引用了《创世纪》中的诗句。1949年3月至1950年3月创作的《埃米莉·迪金森诗12首》，不仅是科普兰最重要的一组独唱歌曲，而且也是20世纪许多作曲家为迪金森诗谱写的歌曲中最有意义的一组歌曲。斯特拉文斯基曾对这组歌曲十分看重。作品包含十二首歌曲，每首歌曲都题献给一位同时代的作曲家。1970 年，作曲家又从原作中选出八首歌曲配以管弦乐，于当年 11 月 14 日在纽约朱利亚音乐学院首演。此后，科普兰的创作进入一个新时期。

从科普兰这个时期的创作中，可看出两类不同性质的作品。一类是为舞蹈、电影、剧场、学校写的“实用音乐”和戏剧音乐。这类音乐主要适用于社会功能和教育目的，不是为音乐而作，也不是作为自我的表现方式。这些作品大都通俗易懂、便于演出、技术难度不高。但值得注意的是，科普兰在写这类作品时，仍然是以写作那些抽象的、难度大的作品的同等态度认真对待。因此，这类作品不仅流传广泛，而且具有很高的艺术价值，也是这一时期创作的主体。另一类就是那些为音乐厅而写的严肃而强烈的音乐作品，以此来不断锤炼自己的写作技巧。当有些评论家将他的作品分为“流行”和“严肃”两部分时，科普兰明确表示了他的不满。他说：“那些喜欢将我平分成两个对抗的个性的评论员，从我这里是不会得到鼓励的。”并说：“当结果不同时，是因为我对每一部新作品所设想的目的，以及我开始写作时所用的音乐材料的性质不同。”

『现代音乐』时期

20 世纪 40 年代中后期，第二次世界大战结束，美国与欧洲一样，出现了各种激进的艺术潮流。“反叛”性的作品出现在各个艺术领域，科普兰也毫无例外地受到影响。他开始用十二音技法写作大型作品，抽象的音乐语言又回到他的创作中。与此同时，他没有忘记创作那些通俗的音乐作品，有些晚期作品还不时流露出早期音乐作品的痕迹。从某种意义上讲，这个时期是对以前各个时期音乐创作的综合。

1950年，为庆祝库利奇基金会成立二十五周年，科普兰于6月至10月创作了《钢琴四重奏》，这是他第一部尝试用十二音技法写作的作品，也标志着新的创作时期的开始。这部作品的音乐语言与1930年写的《钢琴变奏曲》有密切联系。如果说《钢琴变奏曲》显现了作曲家对十二音技法运用的端倪的话，那么《钢琴四重奏》则是这一端倪的发展。作品题献给库利奇，1950年10月29日由纽约四重奏乐团在华盛顿首演。

1950年和1952年，科普兰又分别改编了两组《古老的美国歌曲》。它们都是根据美国民歌编写的，表现出与《埃米莉·迪金森诗12首》的明显不同，有着浓郁的民俗风味。1955年和1958年，作曲家又将作品改编为中声部独唱并配以管弦乐伴奏。

1951年，科普兰再次出访了欧洲，并首次访问以色列。回国后，他在哈佛大学担任诗学教授一职，是担任此职位的第一位美国作曲家（在此之前的1935年和1944年，科普兰曾两度任教于此）。1952 年，科普兰根据他任诗学教授期间的讲稿，整理出版了《音乐与想象》一书，并将书题献给他的哥哥拉尔夫·科普兰。这部著作被公认为是继斯特拉文斯基的《诗学》和欣德米特的《作曲家的天地：视野与局限》之后，最有价值的音乐美学著作，并且没有《诗学》中的教条主义及欣德米特著作中的尖刻。

科普兰的第二部歌剧《温柔乡》创作于 1954 年，这是为庆祝美国作曲家联盟成立三十周年，应理查德·罗杰斯和奥斯卡·哈默尔施泰因二世之邀而作，由赫尔姆·埃弗里特编剧。这部歌剧被认为是真正的美国民间歌剧，其音乐语言与科普兰创作的三部芭蕾舞剧音乐《小伙子比利》《牧区竞技》《阿巴拉契亚之春》相似。这部作品是在渐弱式的低潮中结束，因而减弱了故事的戏剧性，给人留下的是无结局的情节悬念。后来在 1955 年，科普兰和埃弗里特又对此剧作了修改，增强了戏剧性特征，并将原来的二幕改为三幕。1957 年，作曲家又从中选出三段音乐，改编为管弦乐组曲。歌剧中有很多具有民间风格的歌曲，富于抒情性且优美感人，如女高音独唱《劳里的歌》、混声四部合唱《生活的期望》《踩着你的脚步》。它们经常上演，并给人们留下深刻印象。

这个时期，科普兰花了很多时间对他以前的作品进行修订、改编，其中有两首较为重要。一首是他1955年对1929年创作的《交响颂歌》的修订。修订稿中，在未改变节奏的情况下，他将乐句记谱作了改变，一些小节被重新划分，使读谱变得比较简单；在结构方面，对一些经过句进行修饰；在乐器的使用上，将铜管在高音区的演奏根据乐器的具体情况改为在低音区演奏；同时，还恢复了1929年首演之前已被删掉的一些内容。修订的《交响颂歌》于1956年2月3日在波士顿，由夏尔·明希指挥波士顿交响乐团首演。另一首是1957年他将1930年创作的《钢琴变奏曲》改编为《管弦乐变奏曲》。在改编中，作曲家充分挖掘了《钢琴变奏曲》可以作为管弦乐作品的潜能，而并非仅仅用乐队去再现钢琴音色。尽管人们对《管弦乐变奏曲》评说不一，但它在用强大的音效探索管弦乐音响方面，仍是一部成功的作品。

科普兰运用十二音技法写作的作品，除了《钢琴四重奏》外，还有三部重要作品。一部是完成于1957年的《钢琴幻想曲》，全曲长达31分钟。这是为庆祝朱利亚音乐学院建院五十周年而作，题献给1953年因飞机失事而去世的钢琴家威廉·卡佩尔。作品是单乐章形式，在写作手法上与《钢琴变奏曲》相似。开始的主题材料是一个十音音列，乐曲的发展以这个十音音列为基础。很多音乐学者都曾高度评价这部作品，认为用如此少的材料写出这样长的作品，并表现出如此感人的崇高气质，绝非易事。另两部是管弦乐作品《内涵》和《内省》。

《内涵》是作曲家第一部用十二音技法写的管弦乐作品，创作于1962年。这是科普兰应纽约爱乐乐团之邀，为林肯中心爱乐礼堂开幕而作。在为作品首演写的节目介绍中，科普兰阐述了音乐背后的意图:“我决定去创作一部给开幕典礼带来现代特征的作品,表现当今世界的紧张、希望和戏剧性生活。”这部作品采用大型管弦乐队编制,其中包括六支圆号、六位打击乐演奏者。乐曲开始是三个四音和弦,使用了全部十二个音。在这些开放和弦的基础上,乐曲在恰空舞曲形式里进行着各种变奏,许多方面都类似《管弦乐变奏曲》。1962 年 9 月 11 日在纽约,伯恩斯坦指挥纽约爱乐管弦乐团首演了该作品。演出时,音乐中尖锐的和声音响搅乱了许多“安分守己”的观众,特别是那些还在盼望出现另一部《阿巴拉契亚之春》的人们。然而,科普兰却认为,他不能仅朝单一的方向努力,固然那样可以巩固和提高他的名誉,却无法给一位创造者以真正的满足。

《内省》是应纽约爱乐管弦乐团之邀,为庆祝该团成立 125 周年而作,完成于 1967 年。作品的题目来自英国诗人杰拉尔德·曼利·霍普金斯。对科普兰来讲,“内省”使人联想起“一个近乎神秘的启发,一个对外部形式进行解释的那种比较深刻的形体、秩序、统一性的突然的感知”。这部作品与在结构和音响上特别集中的《内涵》极为相称。它以两个各自独立的音列为基础，开始是强有力的和弦包括了十一个音，从第四小节开始才出现用十二音技法写的抒情性旋律。1967年9月13日在安阿伯的密歇根大学，伯恩斯坦指挥纽约爱乐管弦乐团首演了这部作品。

20世纪60年代，十二音技法对青年作曲家来讲早已过时，但科普兰却并不在意。他曾说：“这种作曲技法对我的吸引力是使我开始听到了用其他方法听不到的和弦。在此之前，我一直是按照调性构思，而序列手法是一种安排音调的新方法。它使你有了新的技术和手段。”他认为十二音技法在以下两个方面有所突破：它迫使调性作曲家用非常规的想法去考虑和弦的结构；它倾向用新颖的旋律和多彩的想象力。科普兰就是这样在不断开拓和发展的音乐道路上前进着。

1962年，科普兰完成了他的第六部、也是最后一部芭蕾舞剧音乐《舞蹈作品》。作品始作于1959年，1962年修订。全曲由七个段落组成，没有具体情节，作曲家任由舞蹈设计者采用抽象的身体语汇来表达某些故事。

从20世纪40年代起，科普兰就开始到多个国家和地区演讲，主要内容是关于那个时代的音乐，特别是那个时代的美国音乐。1959年以后，他又以节目主持人、钢琴家、指挥家的身份出现在六十多个电视节目中。科普兰的指挥生涯一直到1983年。在纽约，他最后一次登上指挥台，指挥演出了他最成功的作品《阿巴拉契亚之春》。

20世纪60年代以来，科普兰间或创作了一些显示出早期音乐语言和民间音乐特色的作品。例如：他1960年创作的《弦乐九重奏》，运用全音阶，但仍采用了一些序列方法；1971年创作的长笛与钢琴《二重奏》，有着早期《剧院音乐》那种"法国一爵士"的印迹，并在三和弦和大调音阶中糅进半音阶和不协和材料；1972年创作的《拉丁美洲素描三首》，具有浓郁的民间风格，这部作品的其中两首写于1959年；1971年创作的长笛与弦乐三重奏《丧歌Ⅰ：悼念斯特拉文斯基》、1972 年创作的钢琴曲《夜思——向艾夫斯致敬》、1973 年创作的中音长笛与弦乐三重奏《丧歌Ⅱ：悼念坎宁安》，这三首作品不仅使人们仿佛看到了科普兰从前那些作品，而且也暗示出科普兰与斯特拉文斯基和艾夫斯的紧密联系。特别是《夜思》中运用了细腻的踏板，从而产生出微妙的钢琴音响。那强大的、经常出现不协和音的旋律，暗示着艾夫斯。

科普兰晚期的几首钢琴作品，都是对他从前作品的修订或续写，如《晚风》《仲夏夜曲》《午思》《宣言》。这些作品都表现出轻松、质朴的情绪。科普兰最后一部作品是 1983 年根据《小提琴奏鸣曲》改编的《单簧管与钢琴奏鸣曲》。

在这一时期，科普兰还获得了一些奖项，如 1956 年获"全国文学和艺术学会金奖"；1964 年获"总统自由勋章"；1970 年获"德意志联邦共和国功勋十字勋章""耶鲁大学豪兰奖"等。

1982 年，他在纽约市立大学王后学院建立了科普兰音乐学校。

1990 年 12 月 3 日，这位老人走完了他九十年的历程，逝世于美国纽约的菲尔普斯纪念医院。

由于科普兰对美国音乐事业的卓越贡献，他一生获得过包括普林斯顿大学、哈佛大学、奥柏林音乐学院、布兰代斯大学在内的许多高等学府的荣誉学位。他还是美国艺术和文学学会、美国艺术和科学学会（波士顿）、圣·塞西莉亚学会（罗马）、皇家音乐学会（伦敦）、皇家艺术学会（伦敦）、全国艺术协会（布宜诺斯艾利斯）、美国音乐中心、国际现代音乐协会美国分部、库谢维茨基基金会、爱德华·麦克道尔协会、查尔斯·艾夫斯学会、农伯格基金会等世界许多学术团体的成员或负责人。

科普兰创作的音乐作品为弘扬“美国的”音乐开辟了道路。他对现代音乐的不断探索，又使他的作品具有强烈的时代特点。因此，他的作品既有个性的一面，也有“美国的”民族性的一面；既有现代的风格，也有传统的韵律；既有朴素情感的流露，又有来自民间的乡音及20世纪音乐的笔触。他的那些论著不仅是美国音乐文化的财富，而且也成为世界音乐文化宝库中的珍品。在他的努力下，美国专业音乐获得了巩固和发展，并形成了强有力的作曲家群，使美国音乐在世界上获得了应有的地位。

二、音乐作品介绍

《剧院音乐》

这部作品是科普兰应美国作曲家联盟之邀而作，写于1925年，同年11月20日由波士顿交响乐团首演，是作曲家最早产生广泛影响的作品之一。据当时的《纽约时报》报道，作品引起了“热烈的欢呼”。

《剧院音乐》并非为某一具体的戏剧作品而写，只是在一般意义上具有戏剧性。正像作曲家自己对作品的简明提示那样：“作者头脑中并没有戏剧或文学的思想。这个标题只是简明地暗示音乐有一种与戏剧配乐相同的特性。”作品在结构上既表现出古典的、传统的特点，如再现的原则（包括各乐章内部的再现及各乐章之间的再现）、对称及对比的原则等，同时，自然音阶的运用、多变的调式调性对比、大小调的混用、不协和和弦的自由使用和复杂的节奏变化，又表现出作曲家在法国学习时所受到的反浪漫主义音乐的影响，特别是受到斯特拉文斯基和以米约为首的“法国六人团”的影响。整个作品充满活力，吸收了爵士乐音调和具有爵士乐特点的节奏。

当时，二十多岁的科普兰刚从法国学习归来，很希望能像欧洲作曲家那样从本国的民间音乐中汲取灵感，写出一种具有美国本地音乐语言的作品。此时，爵士乐刚被发现，科普兰受欧洲一些作曲家（如德彪西、斯特拉文斯基、米约等）在作品中运用爵士乐素材的启发，在这部作品中集中而审慎地采用了爵士乐的多种表现手段，来展现他要写出“美国的音乐”的愿望。这部作品获得了成功，成为作曲家要实现这一愿望的早期最典型的作品之一，并被选为 1927 年国际现代作曲家协会音乐节的美国代表作。

这是一部由五个短乐章构成的组曲，乐队规模是编制齐全但数目较少的小型管弦乐队。如果在较大的音乐厅演奏，指挥可根据实际情况增加弦乐组。

第一乐章，序曲，适度的中板，$\frac{2}{4}$ 拍。整个乐章分为三部分，开始是由两支小号奏出的一段紧张不安、自由延伸的旋律。其中，切分的节奏、某些音的同音反复，很像爵士乐手们的自由即兴创作。这种类似宣叙调的风格使人联想起犹太教堂里的宗教乐曲：

谱例 1

（下略）

紧接其后出现了由三个音符组成的下行音阶式的主题动机，即大调音阶的Ⅶ—Ⅵ—Ⅴ进行。这个动机在不同音高上重复着，并以此为核心构成了随后由双簧管奏出的主题音调。

音乐中段是一个具有强烈切分节奏的爵士乐段落。在低音持续的固定节奏伴奏下，单簧管奏出一个欢快的、节奏多变的、具有爵士风格的曲调：

谱例 2

（下略）

接着，这个曲调又由短笛和单簧管反复了一次。整个中段的音乐以热烈的节奏为主，渲染了舞蹈的气氛。

最后一段具有再现意味，较之第一段在结构上做了压缩。在小号尖锐而紧张的动机之后，双簧管完整奏出了与第一段相同的充满忧郁情绪的主题音调，音乐又回到原来的气氛中。最后，一个不协和的四音和弦结束了整个乐章。

第二乐章，舞曲，极快的快板，$\frac{5}{8}$拍，具有浓烈的爵士风格。那不规则的节奏、大小三度的混用、滑音的演奏方法、声部之间的相互模仿和交错进行、重音的不规则出现等技法，在作品中都体现出来。

整个乐章可分为两部分。音乐开始由大管奏出一个典型的爵士乐片段，以大小三度交替为特征，建立在$\frac{5}{8}$拍上：

谱例 3

这个曲调在重复了几次之后又由小号用爵士乐演奏方法奏出一个具有爵士风格的过渡句，音乐进入第二部分。

第二部分引用了当时美国著名流行曲调，查尔斯·劳勒的《纽约的人行道》的旋律。这使人联想到科普兰的家乡纽约，仿佛作曲家悠闲自得地走在自己家乡的街道上：

谱例 4

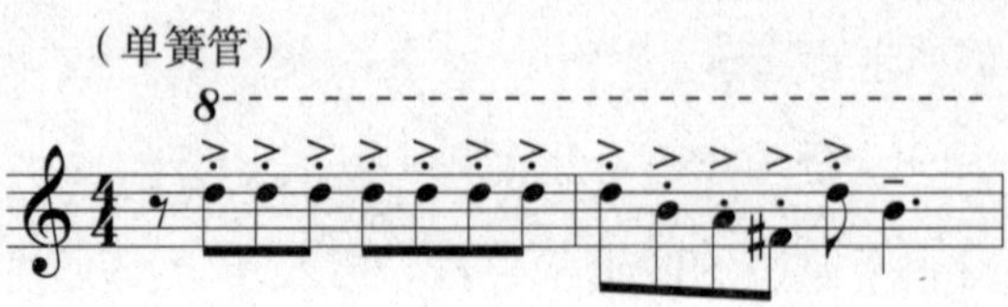

（下略）

这个曲调重复一次以后，乐章开始时的典型爵士音乐片段由小号、大管再次奏响。随后，开始的片段与《纽约的人行道》的曲调交融在一起，乐章最后结束在两个强有力的和弦中。

第三乐章，间奏曲，适中的慢板，$\frac{4}{4}$拍。这是一段布鲁斯风格的慢板音乐，类似“无词歌”的特点，与前后的快板乐章形成对比。整个乐章由一个主题发展而成，但全曲仍具有再现的性质。音乐一开始，主题便由忧郁的英国管轻柔地奏出，由此奠定了全曲的情绪基调：

谱例 5

紧接着，这个曲调由单簧管重复。此时，在弦乐丰满的和声背景上，钢琴和钟琴奏着大跳的音型，宛如火花闪烁，衬托得旋律楚楚动人。乐章结尾，英国管演奏着乐章开始的主题，音乐在极弱声中结束。

第四乐章，滑稽曲，活泼的快板，$\frac{3}{8}$拍。这是一个富于戏剧性的谐谑曲乐章，在不同程度上表现出了“法国六人团”的音乐风格。由于全曲运用了大量不协和和声，具有一种滑稽、怪诞的效果。据说，作曲家写作时曾受到美国喜剧演员范妮·布莱斯[①]演出的启示。全曲由两个性格不同的对比性旋律组成，形成 ABAB 的结构。A 段开始的音乐是动机性的，诙谐、幽默、滑稽，如：

---

① 范妮·布莱斯（Fanny Brice，1891~1951），杂耍剧中的人物小斯努克斯的创造者。

谱例 6

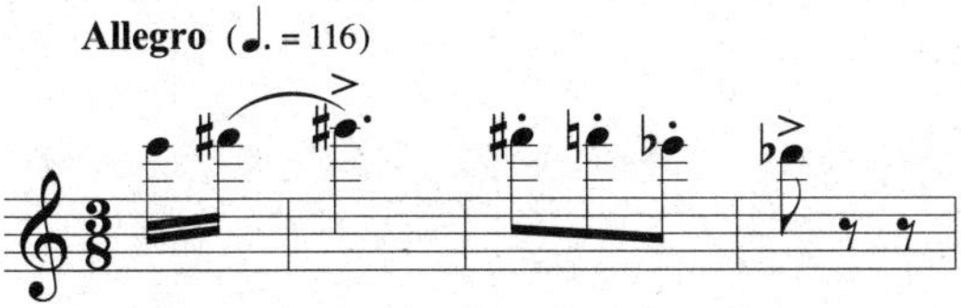

（下略）

这个动机多次反复之后，出现了一个主题性的曲调片段，仍然显得活泼、热烈：

谱例 7

（下略）

B 段与 A 段形成对比，主题旋律具有抒情的特征，在节拍重音的伴奏下，给人以摇摆不定的感觉，如：

谱例 8

（下略）

变化重复了 A、B 两段音乐之后，这一乐章在音乐开始动机的音调中结束。

第五乐章，尾声，中板（比第三乐章快），$\frac{4}{4}$拍。全曲呈现出宁静、安详的气氛，以第一、第三乐章的部分音乐材料和基调构成。开始是单簧管轻柔地奏出第一乐章由小号演奏的曲调。不过，这时它已不那么神气、活泼了，而是充满梦幻般的诗意：

谱例 9

（下略）

在这个曲调的末尾，第一乐章的三音动机引出了乐队全奏。到中间部分，出现一段中提琴的独白，那委婉动听的声音好像在倾诉着什么。最后，乐曲随着大管的独奏，在静谧的和弦中结束。

在整部作品中，作曲家很少使用对位手法，而是集中采用旋律与伴奏的变化手法作为乐曲的主要特色。

《钢琴变奏曲》

这部作品写于1930年，是科普兰的第一部大型钢琴作品，标志着作曲家的音乐创作进入了一个新时期，即“抽象音乐”时期。

作品采用主题加变奏的音乐结构形式，由一个主题、二十个变奏、一个结尾构成。主题一共十个音，以一个五音序列为基本素材，采用抽象性的写法，旋律与和声融为一体，没有固定的音型，也没有旋律与伴奏之别。可以看出，作曲家吸收了那时刚刚产生的十二音作曲技法。

在作品中，作曲家充分发挥了键盘乐器敲击性的特点，在钢琴最富于冲击力的音域不断鸣响着强烈的音响。由十个音构成的主题铿锵有力，表现出坚定、雄浑的气势：

谱例 10

*）◇ = 无声地按下去

这个主题表现出科普兰20世纪20年代到30年代音乐创作中的一些共性特征，即主题中每四个音或五个音为一个乐汇段落（这种情况在他1929年创作的《交响颂歌》中已经出现）；主题的重要特色之一是大七度音程与小九度音程的结合（这在他1930年改编的《舞蹈交响曲》中可以见到）；主题的第八小节出现一个宽距离音程的琶音，被广泛用于后面的变奏中（这种手法在《舞蹈交响曲》《钢琴协奏曲》《第一交响曲》《交响颂歌》，以及后来的《短交响曲》中都可见到）；主题开始的三度音程也是一个重要的特色，全曲的前四段都以这个三度音程开始，这种旋律上的强调，更显示出它的重要性（这种三度音程，在《舞蹈交响曲》《第一交响曲》中也是一个重要的旋律特色）。另外，作曲家在低声部采用了二度或三度的小距离音程，这种音簇式的音响在科普兰早期的钢琴作品中有所显露。这个主题中出现的升C音与C音之间在旋律与和声方面的冲突，使人感受到类似斯特拉文斯基作品的不协和性。

主题之后是二十个变奏和一个结尾，通过保持某些共性的节奏和旋律音型，使每个变奏都转换得十分自然，结构也十分严谨。同时，在每个变奏里，每个和弦或者音型都用来直接描绘主题，基本素材很少重复，使每个变奏都富于表现力。它们的音响十分刺耳，有着强烈的震撼性。

全曲大致可分为两个部分，第一部分始终以四分音符为主，基本保持雄壮有力的气势。随着小节长度的不断变化，这种气势达到最高峰，而后逐渐弱下来。

下面是变奏一，它几乎是主题的精确重复，

只改变了音的长短，增加了一个 E 音。这个变奏全部采用二分音符和四分音符，如：

谱例 11

（下略）

从变奏十二开始是乐曲的第二部分，这时节奏时值缩短，音乐变得轻快幽默。变奏十四和变奏十六中不规则的节奏样式（$\frac{2}{4}$ $\frac{5}{4}$ $\frac{3}{2}$ $\frac{3}{8}$ $\frac{5}{8}$ $\frac{6}{8}$ $\frac{7}{8}$）频繁交替出现，使音乐充满活力，具有托卡塔的风格，也使人想起巴托克音乐作品中的保加利亚舞蹈。

下面是变奏十六的开始部分：

谱例 12

乐曲的结尾是一首庄严的赞歌，显示出科普兰作品宏大的戏剧性和悲剧性的风格特征。这种采用大量和弦的手法，在他的《第一交响曲》结尾段落就曾出现过。而这首乐曲的最后四小节，在钢琴踏板延长音的背景上，也用几个强有力的和弦结束了全曲。

从 1930 年 1 月至 10 月，作曲家花费了十个月的时间，才完成了这首 11 分钟的乐曲，可见写作的艰辛和严谨。整个作品手法简练，声响简洁，每一个变奏都富于独创性。从作品中我们可以看到斯特拉文斯基、勋伯格、巴托克等作曲家对科普兰创作的影响，同时也表现出科普兰自己独特的风格。正如科普兰曾提道:“在我的作品中,《钢琴变奏曲》是以一种特定方式占据一个特殊地位的作品。我认为，这部作品是我感觉到的‘这就是我’的第一批作品中的一部。”英国评论家威尔弗里德·梅勒斯曾评论说:“《钢琴变奏曲》抓住了城市生活中所有有形的和易激动的活力。”科普兰正是试图通过比较抽象和难以理解的技巧来表现他从现实生活中所获得的较深层的体验，以及当今城市生活的多变和繁杂。

《钢琴变奏曲》于1932年由科斯—科布出版社出版，同年，美国著名女舞蹈家格雷厄姆采用这部作品的音乐编成现代芭蕾舞《酒神赞歌》。1957年，科普兰又将《钢琴变奏曲》加以配器，改编为《管弦乐变奏曲》。在改编过程中，作曲家充分挖掘了《钢琴变奏曲》作为管弦乐作品的潜能，用管弦乐的色彩重新将这部作品构思，使其成为在探索管弦乐音响方面的一部成功之作。

《短交响曲》

这部作品创作于1932~1933年，又名《第二交响曲》，是作曲家“抽象音乐”创作时期的代表作品之一，1934年11月23日在墨西哥城首演。作品的节奏十分复杂，演奏难度很大，因此，首演之后的十年间一直未能在美国演出。但是，这部作品所表现出的严密的逻辑、复杂的布局、强烈的表现力及科普兰的个性特征，使它成为作曲家十分成熟和优秀的作品。

全曲由三个乐章构成，乐章之间不间断地连

续演奏，采用中等规模的管弦乐队，没有定音鼓、打击乐和长号，但使用了目前已不常用的海克尔双簧管。它是一种相当于法国上低音双簧管的双簧乐器。

当人们初次接触到这部作品时，会感到这部交响曲与作曲家以前的交响作品之间似乎很少有共同的东西。尤其是原来的抒情性特征已被缺乏旋律趣味的、尖锐的、类似托卡塔特性的曲调所代替。但当我们仔细审视便会发现，这部作品是较多地展现科普兰风格特征的代表作之一。从某种意义上说，它集中展现了科普兰的个性特征，如那迷人的“拱形”旋律、宽广的音程跳进和琶音。尽管这部作品从未达到作曲家以后所写的芭蕾音乐的那种辉煌，但作为一部抽象性的作品所表现出的对材料的节省、旋律与节奏发展的联系等各个方面，仍说明它是一部在技术和逻辑上具有创造力的音乐杰作。

第一乐章，音乐结构与传统的奏鸣曲式很接近，具有三部性特征，速度轻快、敏捷，节拍变化多样。第一主题由具有序列性质的九个音组成，乐章其他地方显现出的旋律线条都是由这个短的序列发展而成的。主题先由木管乐器开始演奏，在行进中不断转换着乐器，使主题显得愈发活跃，如：

谱例 13

（下略）

这个主题内部又分为若干乐节，每个乐节是由不同的乐器来体现的。这种频繁的乐器转换加上多变的节奏，使音乐具有了向前的动力。宽音程跳进和琶音的运用则更多体现了科普兰自己的音乐风格特征。

这个主题集中展开了 82 小节，很特别的是，它们当中除了几个被强调的和弦，以及一些二声部对位的简短经过句外，全部是齐奏。这种写法在管弦乐作品中是不多见的。

音乐在不断进行，当发展到顶峰时，加弱音器的小号奏出的柔和持续音打断了活跃的气氛。在这个持续音背景上，单簧管和双簧管以二重奏的形式奏出了第二主题，主题曲调平稳，略带一些爵士风格：

谱例 14

（下略）

乐章的中间部分是一个类似发展部的段落，它将前面出现的两个主题加以变化发展。最后是一个再现性的段落，它稍有变化并加以紧缩地再现呈示部的音乐。乐章的结尾出现长笛和双簧管柔和的二重奏，从而不间断地把乐曲引向第二乐章。

第二乐章的音乐结构也具有三部性特征，速度十分缓慢，以二分音符作为乐章的基本拍。在这一乐章中，前一乐章摇摆不定的节奏因素让位给了平静流动的旋律。那急速的、不规则的八分音符也由速度缓慢的、反复演奏的二分音符所代替。整个乐章以一个四音下行音阶为基础，这个抽象性的动机语汇仍具有序列的因素。

乐章开始，中音长笛在它最有特点的音区奏

出了这个“统治”全曲的四音动机：

谱例 15

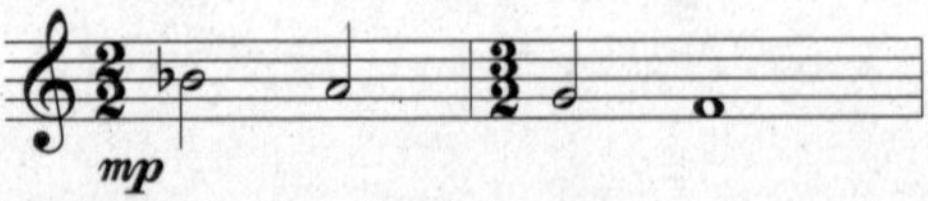

（下略）

乐章中段出现了一个具有对比性质的旋律，节奏具有轻曳的摇晃感，旋律线条始终以 G 音为中心，在它的两个相邻音之间徘徊，好似微微流动的水波。这个旋律仍由中音长笛奏出：

谱例 16

（下略）

中段末尾，在低音固定音型的背景上，有一个宽阔的展开性的旋律，两者在节奏上形成交错，产生动荡的感觉。这里的情况与斯特拉文斯基的《诗篇交响曲》有某些相似之处，从中也可以看出斯特拉文斯基对作曲家产生的影响。

乐章最后，紧缩再现了本乐章开始的动机材料。随后，像第一乐章一样，一个简短的旋律将乐曲不间断地过渡到第三乐章。

第三乐章是一首具有谐谑曲风格的终曲乐章。音乐结构仍具有三部性的特征，速度很快，节拍变化多样。整个乐章以宽音程的琶音旋律为主要特色，毫不松弛的速度、舞蹈性的节奏令人眼花缭乱。这个乐章的舞蹈性节奏预示着作曲家后来创作的《墨西哥沙龙》《阿巴拉契亚之春》的舞蹈性音乐语言的发展和成熟。

这一乐章是将前面两个乐章的主题材料加以变化，并与本乐章的活跃主题结合在一起。音乐开始是一个类似引子的段落，由几件乐器接续演奏的琶音音流奠定了乐章的情绪基调，有些类似于第一乐章的开始部分。引子段落之后，主题由弦乐和木管奏出，其旋律轮廓有些类似于第二乐章主题，重音移位的切分节奏使这一主题充满活力：

谱例 17

这个主题在乐曲的发展中不时出现，与其他曲调片段交织在一起。当音乐通过多变的节奏、宽音程的跳进、繁杂的织体等手段达到高潮时，一个对比性的乐句突然出现。这虽是第一乐章的主题音调，但在这里，作曲家已在情绪上作了根本改变——全部采用二分音符，在单簧管持续长音的背景上，由短笛和中音长笛奏出：

谱例 18

（下略）

这个对比性的乐句具有三声中部的意义。在这里，作曲家仍沿用了古典的三声中部的写法，由短笛、中音长笛和单簧管三件乐器演奏。这个短小段落的出现使欢腾的情绪得以暂时的小憩。随后，主题再一次响起，全曲在辉煌的气氛中结束。

这部作品既显示出作曲家将片段性的旋律有机组织在一起的高超逻辑能力，也表现出作曲家将古典、浪漫、现代，以及具有个人风格特征的作曲手法完美结合在一起的作曲技巧。例如：第三乐章中对三声中部的运用，显现出典型的古典谐谑曲曲式特征；第三乐章再现前面第一、第二乐章主题的手法，表现出浪漫派作曲家的“连体式”和主导动机的技法特征；序列性质的音乐主题又带有强烈的现代意识；“拱形”的旋律、宽广的音程跳进和琶音，又让人们看到了科普兰自己的风格。这正是这部作品之所以成为作曲家“抽象音乐”时期代表作品的原因之所在。

鉴于作品演奏上的难度，1937 年科普兰将其改编为单簧管、钢琴与弦乐四重奏的《六重奏》。《六重奏》基本保持了原作的面貌，为便于演奏，只在节拍上作了调整，1939 年 2 月 26 日在纽约作了首演。由于《六重奏》的演奏人员不多，较之《短交响曲》更为简单，因此它成为音乐会上经常上演的科普兰的作品。

《墨西哥沙龙》

《墨西哥沙龙》是科普兰第一部在世界范围内流行的作品，也是作曲家“实用音乐”（戏剧音乐）创作时期的先驱性作品。这以后，作曲家又陆续写出了芭蕾舞剧音乐《小伙子比利》《牧区竞技》《阿巴拉契亚之春》，以及朗诵与管弦乐《林肯肖像》等作品。

这部作品始作于 1933 年，于 1936 年完成。1937 年 8 月 27 日在墨西哥城，由卡洛斯 · 查维斯指挥墨西哥交响乐团首演。创作《墨西哥沙龙》

的想法产生于1932年，当时作曲家访问了墨西哥。据他回忆，他最早是从安尼塔·布伦纳的旅游指南的“娱乐”栏中读到的有关墨西哥沙龙的记载：“墨西哥沙龙是哈莱姆纽约黑人区的平民夜总会，有大型的古巴管弦乐队。那里有三个厅，一个厅里为穿戴整齐服饰的人，一个厅里为穿工装衣裤、但脚上穿鞋的人，还有一个厅是供赤足者跳舞的。”在墨西哥城，科普兰来到了墨西哥沙龙。除了旅游指南中写明的，科普兰还注意到墙上有张告示写着：“请不要把烧着的烟蒂扔在地上，以免炙伤女士们的脚。”对那段经历，科普兰回忆道：“上楼时，有一个站在楼梯口的守门人会毫不在乎地对你搜身，以检查是否已寄存了随身携带的‘防身武器’。这里还有一个奇怪的习惯，当舞厅凌晨五点钟关门时，穿工装的人认为没有必要花费时间回家，他们便倒在墙边椅子上，在早上七点钟上班之前打上两小时瞌睡。”

为什么要写这样一部旅游纪念式的作品呢？作曲家回忆道：“当然，墨西哥也有比墨西哥沙龙更深刻的其他方面，其中有些在我第一次旅行期间便激起了音乐的联想……但是，我本能地感到，必须去写关于这个陌生国家更深刻的现象，一个作曲家应该比一个旅游者做得更多，这就是为什么我想写‘墨西哥沙龙’。吸引我的并不是那里的音乐和舞蹈，而是那里的精神面貌。当你在那拥挤的大厅里转来转去的时候，在不可言状的方式下，你会感觉到真正生活在与墨西哥人民的交往中。令人震惊地体会到一个人在遥远的他乡时，会突然认识到一个民族的本质：他们的人性，他们的另一种羞涩，他们的高贵和他们独有的魅力。我清楚地记得，正是在那一时刻，产生了要写一首关于墨西哥的作品的想法，名字就叫《墨西哥沙龙》。”

在作品中，科普兰选用了三首墨西哥民歌作为主题素材，但科普兰对它们的取舍和改编是基于要有助于形成他自己风格的革新思想和动因，而不是简单地加以引用。他曾指出：“在管弦乐作品里，民歌材料的使用总是带来曲式上的问题。作曲家们发现，除了重复几乎没有什么可采用的手法，必然存在着产生仅仅是一行行无关紧要的‘旋律珍品’的危险。我最终采用了一种和缓的集成曲的形式，为了达到简明、连贯的效果，墨西哥主题与这些主题的发展有时交织在一起。”正是基于这种思想，科普兰力图掌握民间音乐语言，领会它们的特性，并按照自己的原则选取音乐素材。也正如作曲家所说的：“墨西哥的流行曲调没有什么特别的地方，我的目的不仅仅是为了朴实地引用它们，而是要在不歪曲原有的自然朴素风格前提下加以凝练和提高。”

作品中引用的三首民歌来自弗朗西斯·图尔收集出版的一本小册子《墨西哥民歌集》和鲁宾·卡姆博斯的一部书《墨西哥民间故事与音乐》，下面是这三首民歌的谱例：

谱例 19

绿　　树　　枝

选段一

Allegro

（下略）

选段二

（下略）

谱例 20

小　　耶　　酥

Allegro

（下略）

谱例 21

飞　　蝇

选段一

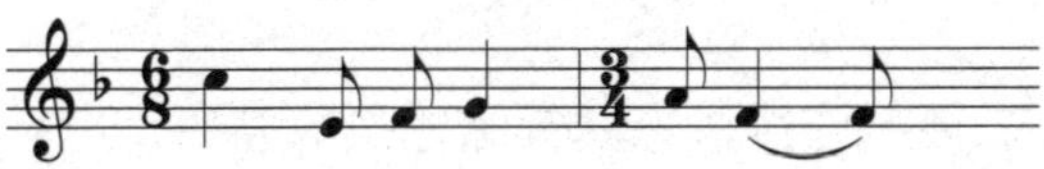

（下略）

选段二

（下略）

这部作品由引子和一个带有再现意味的三部曲式段落组成。引子部分很长，包括五小段。在引子中，呈示了作曲家选用的全部三首民歌曲调。

第一段，活泼的快板，旋律素材来自《绿树枝》选段一的曲调，切分的节奏更加强调了拉丁美洲的音乐风格：

谱例 22

（下略）

第二段，旋律形态具有经过句的性质，小号

和单簧管一问一答地演奏着华彩性的乐句，其素材选自《小耶稣》，音乐充满了活力：

谱例 23

第三段，舞曲风格，速度比前面稍快，旋律素材来源于《飞蝇》选段一的曲调。按照作曲家的说法，这段旋律是“直接引用的完整旋律”。但这段旋律在吸取民歌曲调和节奏内核的基础上，对节奏仍作了适当的调整。它突出了雷格泰姆的切分特点，从而使拉丁美洲的音乐风格更加鲜明。这段典雅、秀美的音乐由大管和低音单簧管奏出：

谱例 24

第四段，舞曲风格，旋律素材来源于《绿树枝》选段二的曲调，但作曲家对原曲调作了大胆改变：原民歌仅在三度内级进，仅有的一个五度音程是作为模进音组之间的连接而出现的，旋律缺少科普兰风格中的“拱形”特征。为此，作曲家将同音反复变为六和弦的分解进行，使其含有四度音程，并将三度改为六度跳进。这个主题表现出了民间风格与科普兰旋律个性的良好融合：

谱例 25

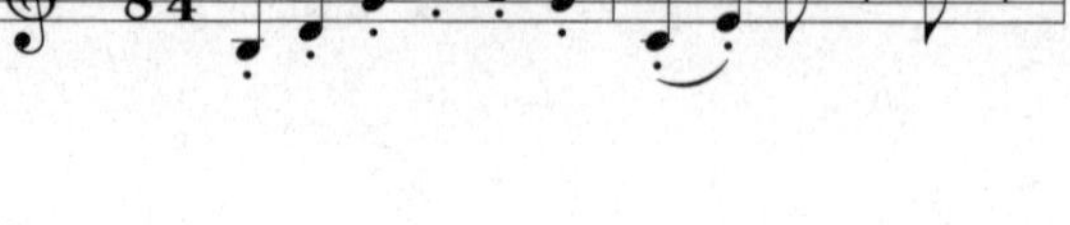

（下略）

第五段，具有哈巴涅拉舞曲的特点，旋律素材来自《飞蝇》选段二的曲调。这段音乐轻柔飘逸，由第一小提琴温柔地奏出：

谱例 26

（下略）

引子之后是乐曲的第一部分（A 部），活泼的快板。它由五个小段组成，表现的是墨西哥沙龙中群众舞蹈的场面。音乐开始，出现的是引子第一段旋律的变体，由两支双簧管欢快地奏出：

谱例 27

（下略）

紧接着出现一个新主题，连续的切分节奏使乐曲情绪一下子活跃和高涨起来：

谱例 28

（下略）

随着音乐的展开，浓重的铜管和打击乐器不断在强音上出现，加上节拍的不断变化，气氛愈演愈烈，栩栩如生地表现出墨西哥沙龙中人头攒动、熙熙攘攘、纵饮欢笑的热闹场面。当音乐进行到最高潮时戛然而止，慢慢地进入乐曲的第二部分（B 部）。

B 部主题是 A 部主题的变体，速度放慢到适度的中板（弹性速度）。这个主题由单簧管在低音区鸣响着，那忧郁的音色赋予曲调伤感的情绪：

谱例 29

（下略）

B 部开始时，各声部常以独奏的形式或者是一些独奏乐器的巧妙组合出现，这与前面整个乐队的热烈音响形成鲜明对照。

不久，单簧管在高音区奏出一支清新的旋律，打破了 B 部开始时的伤感气氛。这个旋律主要来自《小耶稣》，它流动、明快：

谱例 30

随着这支曲调的出现，音乐也逐渐热烈起来。节拍不时地变化着，声部间不断出现节奏交错，体现爵士风格的独奏乐器的“中断华彩”[①]及滑音奏法也时时在其间闪现，具有浓郁的民族特色。

在 B 部渐进高潮时，出现了一个诙谐、滑稽的曲调，也来源于《小耶稣》，这使得音乐更为活跃、开朗。这个曲调首先由单簧管奏出：

① 中断华彩（break），爵士乐术语，指一种与华彩段（cadenza）有联系的短小即兴独奏乐段。

谱例 31

（下略）

当这个曲调被不同乐器重复了几次之后，音乐进入了第三部分。

第三部分具有再现的意味，将 A 部的主题材料在顺序上作了若干调整并改变了调性，加强了音乐力度，从而使音乐更加辉煌。

乐曲最后再现了引子开始时的音调，不同的是，音乐力度大大加强，配器更为浓重，从而形成了终曲式的辉煌结尾。

《小伙子比利》

这是科普兰第一部通俗风格的芭蕾舞剧音乐作品，创作于 1938 年 6 月至 9 月，是继《墨西哥沙龙》之后作曲家又一次尝试运用民间音乐素材创作的作品，其中吸收了数个美国牛仔音乐曲调。

《小伙子比利》是应林肯·柯尔斯滕芭蕾舞团之邀而作。这部独幕芭蕾舞剧描写的是美国歌曲和传说中的“歹徒英雄”的故事。故事是根据美国的一个真实人物写成的。他名叫威廉·邦尼，生于纽约的布鲁克林，由于“淘金热”而全家迁往美国西部，他的冒险生涯也就从这里开始。据说，邦尼十二岁时已经常出入酒馆、赌场，还曾刺伤了一个侮辱他母亲的人。他很快变成了冷酷的杀人犯和歹徒，一个西南部既使人恐惧又受人仰慕的人物。他二十一岁时被捕并判以绞刑，但就在他被捕以后还杀死两个卫兵越狱脱逃，最后落入了其曾经是警官的朋友设下的陷阱而毙命。除此之外，邦尼又是一个身材修长、苗条，风度翩翩的小伙子，经常出入舞会，舞跳得很好，受到女士们的喜爱，还有许多忠实的朋友把他的犯罪生涯吹得天花乱坠。他总是带着快乐和无忧无虑的神色，即使在极端危险的时刻也是如此。

芭蕾舞剧《小伙子比利》以威廉·邦尼的故事为蓝本，由林肯·柯尔斯滕编剧，尤金·洛林做舞蹈设计，1938 年 10 月 6 日在美国芝加哥首演，获得极大成功。1939 年，作曲家将舞剧音乐改编为独立演奏的管弦乐组曲，组曲包括了整部芭蕾舞剧约三分之二的音乐。在出版的该组曲的总谱扉页上，援引了科普兰写的《牛仔芭蕾说明》的一段文字作为剧情梗概:“故事在辽阔的大平原上开始和结束。芭蕾的中心部分与比利生活的重要时刻有关。第一场是在边境城镇的街头，一些熟悉的人物缓缓而过。牛仔们进城闲逛，有的骑马、有的拿着套马索。一些墨西哥女人在跳哈拉贝舞，她们的舞蹈被两个醉汉的殴斗打断。十二岁的比利第一次出现，他和母亲在一起，被这聚集的人群吸引。争吵越来越激烈，双方动起枪来。比利的母亲莫名其妙地中弹而亡，比利异常愤怒，他毫不犹豫地从一个牛仔的刀鞘中抽出刀来，把无意中打死他母亲的人刺死。他短促而出名的生涯就这样开始了。接着，比利生活中的一系列事件很快展现出来。夜里，在星光下，比利和一群逍遥法外的朋友在赌牌。他以前的朋友帕特·加勒带领一队警察追捕比利而来，接着出现一场枪战，比利被捕。警察们和比利的死对头举行了一次畅饮的庆祝会来庆祝比利被捕。比利虽被关进牢房，但之后他又奇迹般地越狱脱逃。沙漠中，筋疲力尽的比利和他的女友在休息。熟睡中，他似乎感觉到黑暗处有动静，他被惊醒。警察终于追上了他，故事到此结束。”

管弦乐的芭蕾组曲《小伙子比利》，按照舞剧中的故事情节进展分为七个段落，不间断地连续演奏。

第一段，辽阔的大平原，庄严的慢板。这段音乐原为舞剧的序曲。音乐开始，双簧管和单簧管奏出抒情性的具有民歌风格的主题。同时，在它的上方和下方出现平行旋律，形成若干旋律线的平行运动，具有一种“泛调性”的特征。在这里，这种手法具有很强的表情意义，恰当地表现了辽阔的大平原的意境，从而把自然景色转化为富有诗意的象征，给人以空旷、遥远的感觉：

谱例 32

（下略）

这个主题通过重复、变奏，自由地展开。进入高潮时，这个主题中派生出一个新的牧童曲调，风格活泼、热情，由双簧管和大管奏出：

谱例 33

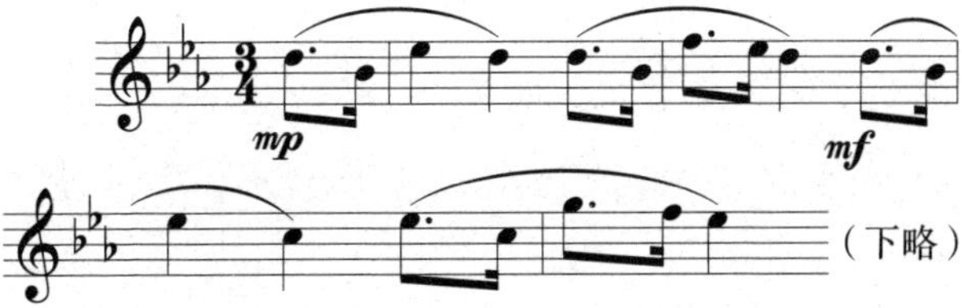

（下略）

第二段，边境城镇的街头，中板。这段音乐篇幅较长，表现出大街上的种种热闹景象，是对边境居民生活的写照。在这段音乐里，科普兰成功地选用了多首民歌素材和一些现代作曲技法来表现。这段的音乐主题以牛仔歌曲《曾祖父》为主要素材，由短笛轻巧地奏出：

谱例 34

当这个主题在降 A 大调上重复时，在该主题的乐句结束音上突然加入了另一个调（F 大调）的舞曲性主题与之呼应，从而造成了多调性的效果：

谱例 35

（下略）

这种多调性效果使音乐更显活跃，并带有浓郁的时代气息。同时，由于两个主题的性格不同（歌曲主题与舞曲主题），从而很形象地描绘出一幅热闹的街头场景图画和各种人物的不同形象。为了渲染这个对比性的舞曲主题，作曲家采用了不协和的和声配置和旋律与伴奏节拍交错的手法，产生了一种粗犷的味道，暗示着舞台人物摇摆随意的姿态，从而使这个主题更加鲜明动人。

接着，是墨西哥妇女表演的舞蹈场面。在舞曲风格的音乐伴奏下，她们跳起了欢乐的哈拉比舞。这里出现了两个曲调，一个由小提琴和中提琴奏出，节拍方整，采用快速的多音符，具有轻盈飘逸的特点：

谱例 36

另一个在其后，由小号奏出，采用以$\frac{5}{8}$拍为主的不规则节拍，并在强拍上加入木板类的打击乐器，使音乐注入了一些个性因素，更具有异国

情调，也更显得活泼豪爽，与前面的舞曲曲调形成了鲜明对比：

谱例 37

（下略）

这段音乐的结尾部分出现了一个抒情、温馨的旋律。它主要以牛仔歌曲《再见，老朋特》为基础，由双簧管和小提琴奏出：

谱例 38

（下略）

这个旋律开始是安静的，后来发展到 ***fff*** 的高潮处，经过一个短小的经过句进入下一个段落。

第三段，平原之夜（又名夜间赌牌），适度的中板。这是枪战之前一段平静的插曲：一个繁星满天的夜晚，在广阔的平原上，赌徒们聚在一起正吸着雪茄在赌牌。主题旋律以牛仔歌曲《牧童之死》为基础，那柔和而又带些伤感的曲调，表现出科普兰沉思般的抒情气质：

谱例 39

在这段音乐的结束处，小提琴在高音区奏着细碎的音型，造成紧张的气氛，预示着下一段扣人心弦的战斗的到来。

第四段，枪战，快板。这是一段追捕比利并

伴随枪战的音乐。全曲着重于写实，以模仿自然音响为主，用打击乐（特别是小军鼓）来表现子弹横飞的战斗场面。这个激烈紧张的段落与前一段落形成鲜明的对比。

这个段落由几个不同的因素组合而成，分别表现着不同的场景。例如：用定音鼓表现枪炮声；用小军鼓和小号表现机枪的扫射；用钢琴的分解琶音表现人们的疾驰；用小提琴高音和铜管渲染火药味十足的战斗场面；还有那短暂的休止，更表现出人们焦躁的心情。这种鲜明的写实手法使音乐具有扣人心弦的震撼力，增加了战斗场面的质感。

第五段，比利被捕庆祝会，快板。这段音乐描绘的是一个热烈、狂欢的舞蹈场面。主题中突出了附点节奏音型，从而加强了音乐的动感：

谱例 40

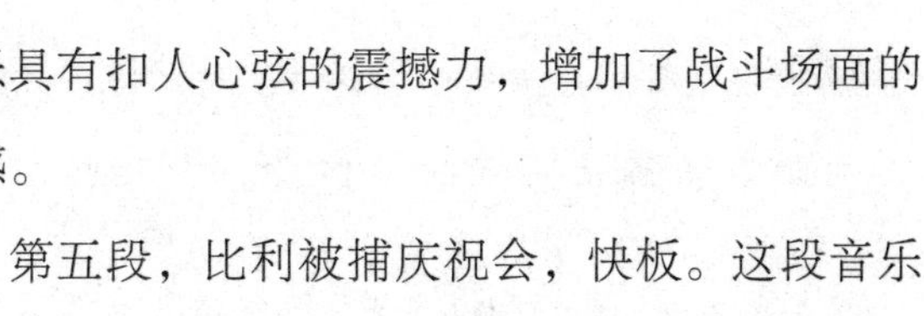

这个建立在C大调上的曲调，由短笛和双簧管在高音区奏出的同时，在低音区又出现一个升C音和升G音的持续音声部。它们形成了值得注意的多调性。这两个相差小二度的音调所形成的冲突，加强了旋律的表现力，具有一种嘲笑和幽默的情趣，不知是在嘲笑醉徒们的落魄姿态，还是在讥讽警察们的自鸣得意。当发展到高潮时，音乐戛然而止，接着进入第六段。

第六段、第七段，比利之死与辽阔的大平原，速度分别为适中的慢板和庄严的慢板。这两段音乐具有尾声的性质，并对第一段音乐作了变化再现。第六段开始，音乐回到第一段的气氛中，由中提琴奏出下行的琶音音型，具有一种悲剧的哀伤色彩，暗示出比利的悲惨结局。不久，乐曲进入了第七段，第一段辽阔大平原的主题再次出现。那“泛调性”的特征，加上四支圆号演奏的朦胧音色，为此时的音乐蒙上了一层忧郁的面纱。大平原一如既往地美丽、神秘、变幻莫测。比利开始于这里，最后也消失在这里。音乐逐渐加强，烘托出悲壮的气氛，具有科普兰音乐那宏大的悲剧性特性。最后，在高潮中一个强有力的短促和弦上全曲结束。

这部成功的芭蕾音乐作品，表现出作曲家成熟的创作技法、稳定的表现手段和强烈的个性。正如之后他的几部芭蕾音乐作品一样，集中呈现了科普兰在芭蕾音乐创作上的特点：节奏奇异、变化丰富，给人以生动机智、朝气蓬勃的新鲜感；对其借鉴的民歌赋予它抒情的个性特征；旋律有着强烈的吸引力并给人以温暖。科普兰十分注重简朴性，以简洁单纯的表现手段和最细致的音乐表达方式，面对美国广大听众，从而为他所追求的、要写出真正“美国的音乐”的愿望，迈出了坚实的一步。

《林肯肖像》

朗诵与管弦乐作品《林肯肖像》创作于 1942 年 2 月至 4 月，是应美国指挥家安德烈·科斯特拉内茨之邀而作，同年 5 月 14 日，由科斯特拉内茨指挥辛辛那提交响乐团在辛辛那提首演，担任朗诵的是威廉·亚当斯。科普兰一生写有两部朗诵与管弦乐的作品，《林肯肖像》是第一部，也是最成功和影响最大的一部。它是一部典型的具有爱国主义精神的作品。

第二次世界大战前夕，由于美国社会、政

治、经济等各方面的原因，爱国主义、英雄主义的题材成为艺术家们热衷的创作内容。1942 年 1 月，美国卷入第二次世界大战不久，当时任美国哥伦比亚广播公司指挥的科斯特拉内茨同时邀请美国作曲家科普兰、维吉尔·汤姆森和杰罗姆·克恩创作一系列美国英雄人物的音乐肖像作品，诸如华盛顿（美国第一任总统）、里维尔（民族英雄）、惠特曼（诗人、文学家）、富尔顿（发明家）、福特（汽车制造师）等，以表现“我们国家宏伟的气概”。当时，汤姆森写了《拉瓜迪亚市长圆舞曲》，克恩写了管弦乐队的《马克·吐温肖像》，科普兰写了朗诵与管弦乐《林肯肖像》。

林肯是美国第十六任总统，他为美国黑奴的解放和发展美国的资本主义作出了重要贡献，后来被极端分子暗杀。作为一位美国的民族英雄，在 20 世纪 30 年代及以后的很长一段时间里，人们常常提起他。20 世纪 20 年代以来，已有不少关于林肯的文艺作品出现，如英国作家约翰·德林瓦特写的关于林肯生平的百老汇话剧；美国作家斯蒂芬·文森特·贝尼特写的叙事诗《约翰·布朗的遗体》；诗人、传记家卡尔·桑德伯格写的关于林肯的两卷著作，以及科普兰的老师戈德马克早在1919年写的管弦乐挽歌《根据林肯葛底斯堡演说而作的追思曲》等。

经过仔细研究，作曲家从林肯的大量演说中进行择取，并按照自己音乐的需求设计编排出所需的朗诵词。其中就引用了林肯那闻名世界的、在葛底斯堡国家烈士公墓落成典礼上的演说中的名言："民有、民治、民享的政府，是不会从地球上消灭的。"在作品中，科普兰选用了那个时代的两首歌曲：斯蒂芬·福斯特的歌曲《坎普敦赛马》；1840年第一次以《恼人的萨潘特》名字出版、现在叫《斯普林菲尔德山地》的民谣。对这两首歌曲，科普兰也并非逐字逐句地引用，而是像在《小伙子比利》中对牛仔歌曲的处理那样，将曲调加以变化并自由地运用。

这部作品是单乐章，大致可分为三个部分，不间断地连续演奏。前两个部分没有朗诵词，管弦乐队作了交响性的展示，第三部分加入了林肯那雄辩的话语，音乐则为这些朗诵词做了简朴的衬托。

第一部分，慢板，暗示了林肯本人的个性与神秘感。音乐开始是单薄的音响，后逐渐加厚，开阔的附点节奏音型和平行五度的运用，产生出朦胧的色彩效果。这部分有两个主题，第一主题由七拍组成，首先由大管独奏：

谱例 41

（下略）

上面这个主题表现出科普兰特有的简朴音乐风格。紧接着，变化为宽音程旋律形态的主题，由小提琴和中提琴再次嘹亮地奏出，体现出科普兰创作中“拱形”旋律的特点：

谱例 42

（下略）

这部分的结尾出现了第二主题，与以附点节奏为主要特征的第一主题形成对比，其速度比第一主题稍快。这个主题的音调来自民谣《斯普林菲尔德山地》，原民谣是快速的：

谱例 43

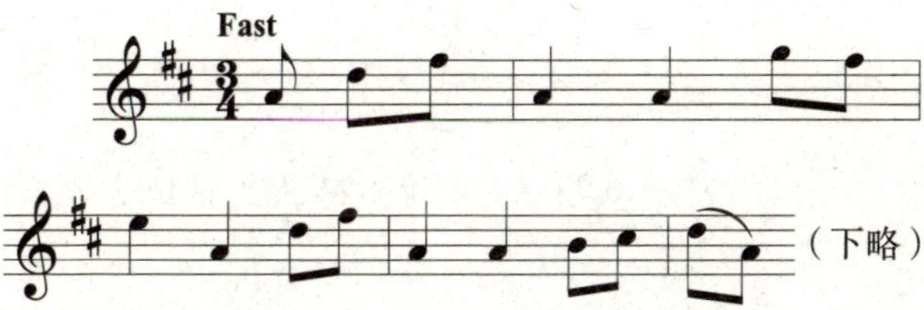

（下略）

科普兰将这个快速、生动如喜剧般的歌曲在速度、结构、音乐形象上作了变化，转变为慢速的、富于表情的旋律。它由单簧管独奏动情地吹出，刻画林肯那亲切、热情、朴素的精神气质：

谱例 44

随后这个主题又由小号独奏，稍作变化地吹出，使人联想起作曲家在 1935 年所完成的管弦乐作品《声明》中最后一段结尾处的小号独奏。在那里，小号也是如此深情地演奏着歌唱般的迷人的旋律。它们都充分体现着科普兰音乐独特的抒情气质。

第二部分，快板，描绘出林肯生活的时代背景。音乐开始是乐队全奏，其中还加入了雪橇铃声，仿佛是一辆马车在 19 世纪美国乡村道路上行进的美国风俗图画。接着，这一部分的谐谑主题出现。这个主题也是全曲的第三主题，它活泼、热烈，其素材来自福斯特的《坎普敦赛马》：

谱例 45

谱例 46

第三主题

对照之后可以看出，第三主题的旋律主要引

自原歌曲的合唱部分，作曲家在节拍、结构，以及句式的走向上都作了改变。接着，第三主题作了充分的展开。在这一部分的结尾，第二主题动机出现，它与第三主题动机交织在一起，当音乐达到高潮时，接着进入第三部分。

第三部分，快板、稍宽广地，为林肯的演说配上了一个简朴而令人难忘的音乐框架。音乐开始，全体乐队用强音全奏，展现出一幅波澜壮阔的壮美场景，第二主题由管乐全体用卡农的形式奏出。与此同时，小提琴和中提琴则轻盈地奏着第三主题，它们完美地交叠在一起。

当音乐平静下来时，林肯的话在耳边响起："同胞们，我们不能逃避历史。……"由此引出了朗诵部分。伴随朗诵的是已在节奏上拉宽的第二主题音乐，经过种种变化，它就像林肯其人越来越高大，衬托出林肯那近乎"神"般的形象。在临近全曲尾声处，第一主题严格地再现，与作品的开始形成呼应，从而形成曲式结构上的完整框架。随后，伴随着朗诵，小号又独奏出了那歌唱般的第二主题。当朗诵者那激动人心的“林肯演说”结束之后，乐队用光辉的强奏奏响了那雄浑的结尾，而将音乐推到辉煌的顶点。

在这部分中，朗诵者朗诵了林肯下面几段演说：

“同胞们，我们不能逃避历史。”

那是他说的，那就是亚伯拉罕·林肯说的：

“同胞们，我们不能逃避历史。不管我们自身怎样，这届大会和组成这届政府的我们将为人们所牢记。无论哪个人，重要的与不重要的，都不能宽容我们中间的任何人。我们经历的火热考验将照耀我们，不论是光荣还是耻辱，直到最后一代。我们——就在这里的我们——掌握权力并负有责任。”

他出生在肯塔基，成长在印第安纳，居住在伊利诺斯。

这是他说的，这是亚伯拉罕·林肯说的：

“平静的过去时代的那些信条不适于暴风骤

雨的今天。当前充满了重重困难，我们必须起来对付这一形势。因为我们的情况是新的，所以我们必须具有新的思想，采取新的行动。我们必须解放我们自己，然后我们才能拯救我们的国家。”

他站直时，六尺四寸高。

他是这样说的，他说：

“这是两个原则——遍及世界的正确与谬误之间永恒的斗争……这是说的同一个意思，即‘你去苦干，去工作，去赚得面包，而我去吃它。’不管他以什么形式出现，是出自一个企图骑在他自己国家人民头上依赖他们的劳动果实生活的帝王口里，还是来自一个种族为奴役另一个种族的一种辩解，同样都是暴虐的原则。”

林肯是一个温和的人，亚伯拉罕·林肯是一个温和而忧郁的人。

但是，当他讲到民主时，他是这样说的，他说：

“因为我不愿做奴隶，所以我也不愿做主人。这表达了我对民主的看法。凡是与这一看法不同的观念，无论不同到什么程度，都不是民主。”

亚伯拉罕·林肯，美利坚合众国的第十六届总统，在他的同胞们的记忆中是永存的。

因为在葛底斯堡战场上，他是这样说的，亚伯拉罕·林肯说：

“……我们要从这些光荣的死者身上，汲取更多的献身精神，来完成他们已经完全彻底为之献身的事业；我们要在这里下定最大的决心，不让这些死难者白白牺牲；在上帝的指引下，这个国家将得到自由的新生；民有、民治、民享的政府是不会从地球上消失的。”

这个朗诵人员除了首演时由亚当斯担任外，在以后的历次演出中很多著名的男女演员都曾担任过。尽管科普兰在总谱开头的扉页上已注明：“告诫朗诵者，不要过分强调林肯演讲词的声调和姿态。”然而对朗诵者来说，不用这种戏剧性的表演去表现好林肯既是一位普通人，又是一位杰出的领袖的形象，是多么困难。

在第二次世界大战期间，这部作品曾起了很大的鼓舞人心的作用。直至今天，这部作品仍多次出现在重大场合。它的朗诵词已被译成十几种文字，音乐也得到广泛传播。

《阿巴拉契亚之春》

芭蕾舞剧音乐《阿巴拉契亚之春》是科普兰最优秀的代表作品之一。作品是应伊丽莎白·斯普拉格·库利奇基金会之邀，为美国著名舞蹈家玛莎·格雷厄姆而作。作曲家于 1943 年 6 月在好莱坞开始创作，1944 年 6 月在麻省理工学院所在的剑桥市完成。创作这部作品时，格雷厄姆仅提供了一个无标题的剧本。作品完成以后，格雷厄姆借用了美国诗人哈特·克雷恩一首诗的标题，尽管芭蕾舞剧与这首诗没有什么关系。

玛莎·格雷厄姆是美国现代派舞蹈的奠基人之一，曾在美国丹尼斯肖恩舞蹈学校学习。她以人体对内部的或外部的刺激所作出的肌肉反应为基础，创造了一套用形体表达情感的舞蹈技术，被认为是整个现代舞领域内最完善的形体训练体系。从象征意味到变化多端地表现个人内心的矛盾，她的舞蹈题材十分广泛。其舞蹈特点在于用具体的舞蹈动作来揭示人类的内心世界，表现舞者对外界事物的体验。她那独特的艺术风格，时至今日，仍然影响着欧美现代派舞蹈，并对芭蕾舞剧、音乐、喜剧、电影等的创作有强烈的启迪作用。

科普兰长久以来一直是格雷厄姆舞蹈的仰慕者，格雷厄姆也对科普兰的音乐产生某种共鸣。早在 1932 年，格雷厄姆就曾采用科普兰那首节奏复杂的《钢琴变奏曲》作为她的舞蹈《酒神赞歌》的音乐。当时的评论界认为，格雷厄姆的《酒神赞歌》与作曲家的音乐一样复杂和深奥。这部《阿巴拉契亚之春》就是以格雷厄姆的个性为基础而写成的。舞剧实际上并没有什么故事情节，人物也不多，只有新娘、她的农民新郎、老拓荒妇、牧师及其信徒。在出版的《阿巴拉契亚之春》组曲总谱的扉页上，作曲家借用了这部舞剧在纽约首演之后埃里克·登比发表在纽约《先驱论坛报》上对芭蕾舞剧情节概括的一段话："……19世纪初的一个春天，在宾夕法尼亚山区一座新建的农舍周围，正在举行一次拓荒者的庆祝会。未来的新娘和她年轻的农民新郎表达了新的共同生活将带来的各种欢乐和忧郁的情绪。一位年老的邻居不时地用自己的经验而得来的坚定信念去启示他们。一位福音传教士和他的信徒们提醒这对新婚夫妇关于人类命运的那些陌生的和令人害怕的一面。最后，这对夫妇平静而勇敢地留在了他们的新居。"

原来的舞剧音乐总谱是为长笛、单簧管、大管、钢琴、两把第一小提琴、两把第二小提琴、两把中提琴、两把大提琴和一把低音提琴，共十三件乐器的小型室内管弦乐队而写。这种组合的音响清晰干净、华美简朴，适应了音乐和编舞的构思。1945 年春天，科普兰将作品改编为完整的管弦乐队演奏的音乐会组曲。改编后的作品，除了保持原有的透明色调和浓郁的春天气息外，在音响上更为丰满。组曲的主要篇幅用来表现舞剧的中心场面——婚礼，同时删去了原来专为舞蹈设计的一些音乐段落，使全部音乐由原来的 34 分钟缩减到 20 分钟。

1944年10月30日，在华盛顿的国会图书馆，由玛莎·格雷厄姆舞蹈团首演这部舞剧，格雷厄姆本人进行舞蹈设计并担任主角。改编后的《阿巴拉契亚之春》组曲于 1945 年 10 月 4 日在纽约由纽约爱乐管弦乐团首演，罗津斯基指挥。此外，1945 年，科普兰改编了这部组曲，结构、演奏时间与编制完整的管弦乐队演奏的音乐会组曲相同。目前音乐会上经常听到的是用编制完整的管弦乐队演奏的组曲，组曲分为八个段落，不间断地连续演奏。

第一段，非常慢的慢板，这是一个类似于

序曲的段落。在这段音乐背景下，平静地介绍了剧中主要人物，音乐具有浓郁的宗教圣诗和田园风格，展现了阿巴拉契亚山区在阳光普照下的静谧、安宁的生活。音乐开始，出现一个科普兰称之为“纯洁的音符”（white tone）的三音动机，象征着春天大自然的苏醒。随后，木管乐器和铜管乐器相继以这个三音动机材料加入。这时，一个简朴、宁静，类似于赞美诗并夹杂着科普兰旋律中特有的四度、五度音程的主题，由长笛和第一小提琴完整地呈示出来：

谱例 47

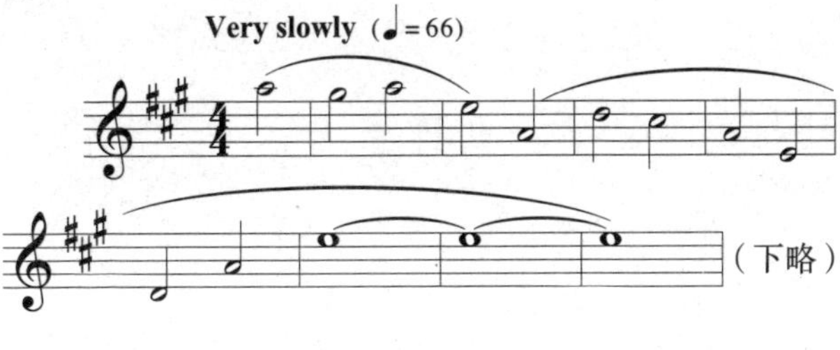

第二段，快板。先是弦乐和钢琴用同度在 A 大调上奏出一个下行的琶音式的主题片段。它强劲有力、欢欣鼓舞，具有宗教色彩。科普兰旋律中特有的四度、五度音程跳进再一次展现：

谱例 48

之后，主题便被完整地呈示出来。这是整部舞剧中的一个重要主题，确立了作品的性格基调。在后来的展开中，它与一支赞美诗般的旋律作了对位化的结合，由此更增添了音乐的宗教色彩：

谱例 49

音乐在充分发展之后，进入了尾声。在结尾处，长笛吹奏着的主题片段与弦乐演奏着赞美诗

般的旋律变体（这是它的第一个变体）融合在一起。最后，在木管点描式地接续演奏中，音乐过渡到下一段。

第三段，中板，是新娘和新郎的一段充满柔情的双人舞。整段音乐富于表现力，令人感动。第一段的主题动机在此得到发展，成为一支新的旋律。它平静、安详、朴素且柔弱，由单簧管奏出：

谱例 50

（下略）

随后，在饱满、丰富的和声烘托下，音乐力度逐渐加强，音域不断扩大。随着和声张力的愈发紧张，音乐充满激动的情感。当音乐平静下来后，这段的主题旋律再次出现，十分安静地结束了这一段落。在曲式上，这段是三部性（ABA）的结构形态。

第四段，快板。这段音乐充满浓郁的民间生

活气息，基督教福音传教士和他的信徒们也加入美国传统的谷仓舞①的方阵中去，快速度的主题由小提琴奏出：

谱例 51

这个主题在完整出现之前，先以片段的形式在双簧管、长笛、单簧管上接替显现，表现出活泼的性格特征。在主题完整出现之后，这种点描式的旋律表现形式又一次显现，不仅使音乐更富于诙谐、泼辣的性格，而且很自然地引出了这段的另一个旋律，即新娘独舞的旋律。这个旋律最初也是以片段的形式出现，在各种乐器中多次接

① 谷仓舞（barn dance），起源于美国的乡村舞曲，或因常在建造新谷仓的宴庆会上跳舞而得名。

替展现、又由弦乐演奏了它的变形之后，才在铜管、钢琴、弦乐、打击乐强有力的伴奏下，由单簧管、双簧管、圆号完整地奏出：

谱例 52

（下略）

这个充满活力和朝气的旋律，表现出新娘对新生活向往、憧憬的激动心情。在接下来的音乐发展中，节奏节拍的变化占据了重要位置，$\frac{2}{4}$拍与$\frac{5}{8}$拍不断交替、重音位置不断变化，使音乐越发浓烈和激动起来。当达到高潮时，音乐戛然而止。随后，出现一段带有沉思意味的深沉曲调，这是新娘在欢乐之余对新生活犹豫不决的心情写照。最后，音乐结束在第一段的主题动机上。在曲式上，这段体现出 ABC 三部性的结构形态。

第五段，快板，是新娘的独舞，表现了新娘对将要做母亲的预感，以及极度高兴、恐惧和彷徨的复杂心情。音乐开始是第一段开头的音调，通过从$\frac{3}{8}$拍到$\frac{3}{4}$拍再到$\frac{5}{8}$、$\frac{4}{4}$拍的节拍变化，在明显的和弦音型中被强调出来。这时，音乐突然渐快，从而引出独舞的主题。这个快速主题来源于第二段的音乐，由长笛和小提琴奏出：

谱例 53

在结尾处，就像本段开始一样，第一段开头的音调在变化的拍子中，通过明显的和弦音型被强调出来。最后，音乐慢下来，第二段中那个赞美诗般的旋律做了变形（这是它的第二个变体），由小提琴独奏在高音区温柔地奏出。这个段落在极弱声中结束。

第六段是同第一段一样的慢板，这是一个过

渡性的段落，也是对第一段的回忆。第一段开始的音调在安详、寂静的气氛中被呈现出来，并由此引出了下一段。

第七段，用比前面快两倍的速度演奏。这段音乐安静而流畅，表现了新娘和新郎想象中的日常生活的场景。音乐主题完整地引用了由爱德华·戴明·安德鲁斯编辑的宗教歌曲集《天赐的纯朴》中的《朴实无华的礼物》一曲。这种几乎逐字引用的方式，是作曲家极少改编原民歌而直接引用的极端一例。音乐一开始，这支优美的曲调便由单簧管奏出：

谱例 54

接着，主题作了五次变奏。

第一次变奏，主题由大管在降 e 小调、双簧管在降 G 大调上同时完整地演奏，其余几件木管乐器及小号、圆号配以稀疏的伴奏。

第二次变奏，主题的时值延长，由长号和中提琴演奏着。随后，圆号和第一小提琴以卡农的形式加入，其余乐器则演奏着明快的舞蹈性的固定低音音型作为伴奏。

第三次变奏，小号和长号在原来的速度上演奏着主题。这时，小提琴和中提琴作音阶式的“音流”进行，衬托着强有力的主题陈述。

第四次变奏，主题的前后两部分分开，呈对位形式，由木管乐器同时呈示。

第五次变奏，只演奏了主题的前半段，由全

体乐队庄严地演奏，形成一个终曲式的胜利的合唱。整个段落在辉煌的音响中结束。

这几个变奏采用了巴洛克时期的变奏手法，通过不同的伴奏音型、主题在时值和速度上的变形处理、对位旋律的变化等多种手段，更加强了主题的宗教色彩，突出了舞剧所展现的历史年代。

第八段，中板。邻居们离去，新婚夫妇留在了他们的新居，伴随着的是平静下来后坚定的信心和希望。音乐开始，加弱音器的弦乐柔和地吟咏着安静的、祈祷般的经过句，营造出宁静和动人的气氛。随后，长笛和小提琴又一次奏出第二段中那个赞美诗般的动人旋律——这是它的第三个变体。这个气息悠长的旋律打动着每一个人。最后，第一段开始时的那个三音动机——“纯洁的音符”再次出现，与全曲的开始形成首尾呼应。乐曲在静谧的复合和弦中完美地结束。

这部具有强烈感染力的作品，印迹着作曲家最传统的观点。作品在民间音乐素材的引用与发挥、和声的运用、节奏的变化，以及宽音程、大跨度旋律线条的表现上，集中体现了科普兰独特的写作风格。作品中虽然仅仅只有一个真正的民歌出现，但这个民歌似乎是“美国的”风格的概括。这部作品也像英国作曲家沃恩·威廉斯于1922年所写的《田园交响曲》一样，成功地挖掘和表现了本民族的精神和文化内涵。更进一步的是，这部作品结合了现实的民间曲调，并有许多暗示民间舞蹈的音乐段落。作品直率和朴素地表达出的乡村精神，更加强烈地唤起了美国人民热爱乡土的情感。这部作品为20世纪30至40年代美国音乐的民族化道路确立了典范。当我们脱离舞台上的视觉形象后，作品中的每一段、每一拍仍有它新英格兰农村的印迹，给人们长久地留下民族情感的强烈印象。

编制完整的管弦乐组曲《阿巴拉契亚之春》，于1945年获得了“普利策”音乐奖，还获得了由纽约音乐评论中心授予的1944~1945演出季杰出戏剧作品奖。这部作品的成功使它几乎成了科普兰的代名词。

《第三交响曲》

1944 年，当科普兰完成了芭蕾舞剧音乐《阿巴拉契亚之春》之后，便着手创作《第三交响曲》。这部作品是在 1943 年应美国库谢维茨基基金会之邀而创作的。当作曲家接受这一委托之后便一直在收集主题材料，有待于某天将它们集中在一部交响曲中。1944 年 7 月，科普兰在墨西哥的一个小村庄开始了框架式的粗写，之后在几个不同的地方继续写作，最后于 1946 年 9 月 29 日在美国马萨诸塞州完成了全部总谱。这部作品整个创作时间历时两年，完成时距离作品首演的日子已很近了。1946年10月18日，《第三交响曲》由库谢维茨基指挥美国波士顿交响乐团在波士顿首演。作品获得纽约音乐评论界的赞扬，称之为1946~1947年演出季中最好的管弦乐作品。

科普兰在他的第四个创作时期中，除了创作广为人知的三部通俗纯朴的芭蕾舞剧音乐《小伙子比利》《牧区竞技》《阿巴拉契亚之春》，以及《墨西哥沙龙》《林肯肖像》等作品外，同时仍没有放弃对较为“传统的”或“抽象的”音乐厅音乐作品的写作。在创作中，他仍一如既往地不断吸收和运用现代音乐的一些技法手段，《第三交响曲》就是那一时期这类作品的代表。由于这部作品不像特定的舞剧或电影受脚本的制约，因此作曲家可以更广泛地挖掘创作潜能，吸收和运用不同的作曲技术手段。这部交响曲成为完美表现科普兰宏大的戏剧性和悲剧性观念的载体，给人留下深刻印象。同时，这部作品也是科普兰最为庞大的作品，全曲长达43分钟。对于这部作品，尽管作曲家已声明没有采用民间歌曲或通俗、流行的音乐素材，但是民间音乐、舞蹈，以及爵士乐的特点仍明晰地反映在作品中，充满了美国情调。

这部作品与传统的古典交响曲一样，采用四个乐章的套曲形式，但每一乐章的结构却打破了古典交响曲的曲式样式。全曲的核心是第四乐章的而并非第一乐章，第一乐章在全曲中仅起一个序曲的作用，而且也没有采用传统的奏鸣曲式。

第一乐章，适度的中板，三部曲式。整个乐章性格开阔、富有表现力，具有浓郁的新英格兰的赞美诗气息。抒情性与朗诵性的音乐在乐章中轮流出现，显现出科普兰独特的沉思般的抒情风格。乐章没有引子，音乐一开始，小提琴、长笛、单簧管便奏出第一主题。这个主题非常安详，好似一首赞美歌，使人想起了《阿巴拉契亚之春》的开始部分。主题在呈示时，没有和声伴奏，音响纯净、和谐，把人带入宁静的气氛中：

谱例 55

这个主题旋律具有科普兰宽音程大跳和气息宽广的旋律风格特征。主题以 E 音为中心音，第一乐句建立在 E 大调上，第二乐句建立在 e 多利亚小调上。作曲家用朴素简单的材料创作出的这个主题旋律，达到了诗一般的美妙境界。不久，出现了第二主题，是对第一主题的补充，在性格上与第一主题比较接近，但采用了不同的旋律线，由中提琴、双簧管奏出：

谱例 56

第一、第二两个主题都是在不同乐器的同度或八度中呈示，伴随它们的仅仅是和弦对位的另一个部分。随着两个主题的不断发展，音乐速度逐渐加快、力度逐渐聚集，随之引出的是由两支长号演奏的、性格坚决的第三主题：

谱例 57

这个主题的出现便是第二部分的开始，在各类管乐器上主题不断重复出现，力度也不断增加。它每一次重现都在一个新的调性上，使音乐的发展极富动力性。当音乐通过越来越活跃的伴奏音型和力度变化剧烈展开达到高潮的顶点时，突然从最强的 ***fff*** 跌入反差强烈的 ***p***。这时出现了乐章开始时那段美妙宁静的第一主题，标志着音乐进入了第三部分——再现部。

就像科普兰其他作品中的再现部一样，这个再现部也不是对乐章开始部分的简单再现，而是用开始的材料重新写作。再现部综合再现了前面出现的几个主题，同时，由第三主题开始的三音动机浓缩成的一个音型被强调出来：

谱例 58

这个音型既为第二乐章开始的音乐主题奠定

了基础，也在终曲的第四乐章开始的号角音调中扮演着重要角色。最后，在宁静祥和的气氛中，音乐结束于空旷的、力度渐弱的和弦中。

这个乐章的第一和第三主题在整部交响曲中具有很显要的地位，它们一再出现在后面几个乐章中。另外，这一乐章在曲式上也表现出“静—动—静”的“拱形”结构形态。

第二乐章，很快的快板，谐谑曲。这个乐章比较接近传统曲式，由第一部分、三声中部及再现部组成。乐章开始，是长达 22 小节的类似号角音调的引子：

谱例 59

这个号角音调的引子音型，源于第一乐章由第三主题浓缩成的那个音型。引子之后，出现一个九小节的活跃的新动机，后来它被用于这部分

主题（第一主题）三次呈示之间的小插段：

谱例 60

（下略）

第一主题也源于第一乐章那个由第三主题浓缩成的音型，开始的号角音调显示出这个主题内在的冲击性，先由单簧管、圆号及中提琴奏出：

谱例 61

（下略）

主题之后，便是小插段。主题第二次呈示是由全体弦乐演奏，接下去，一个小插段之后，铜管在低音区第三次呈示了这个主题（主题三次呈示均建立在 F 大调上）。此时，主题已扩大了时值，音乐逐渐推向高潮，呈现出辉煌的气势。在结尾处，小号再次嘹亮地奏出引子的号角音调，音乐不停顿地进入三声中部。

三声中部与前面形成鲜明对比，音乐充满了抒情气息和民间风格，带有卡农的主题由双簧管独奏，悠扬地吹出：

谱例 62

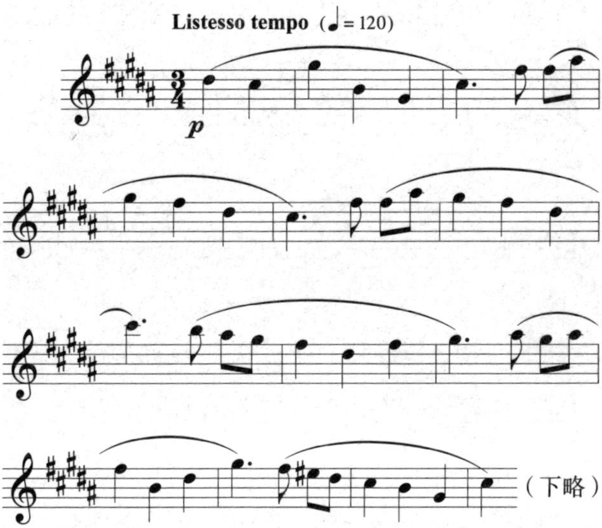

这个主题本身并不是一首民间歌曲，但它所表现出来的特性似乎与美国的民间歌曲相联系，

也使人联想到科普兰的芭蕾舞剧音乐《牧区竞技》《阿巴拉契亚之春》中的某些情调。这个主题之后又出现一个新的旋律，仍继续着三声中部的抒情基调：

谱例 63

（下略）

上面这个新旋律由弦乐重复一次之后，三声中部的主题再一次出现，并不间断地进入谐谑曲的再现部。

就像第一乐章一样，这一乐章的再现部并不是第一部分原样地再现，而是作了较大变化地再现。开始时，第一主题由钢琴独奏作花奏式地再现，随后是用于小插段的活跃的新动机。接着，全体乐队用卡农形式响亮地奏出完整的第一主题，将音乐逐渐推向高潮。高潮中，三声中部主题出现，但此时已做了性格变化，变得昂扬有力、意气风发。最后，引子号角式的音调出现，同时，打击乐全力倾泻来加强它，整个乐章在很强的力度中热烈地结束。

这首谐谑曲生动活泼，富于民间音乐特色，在曲式结构上也很有章法。作曲家在古典的形式中，既保留了传统又作了突破。

第三乐章，近乎小快板的小行板，与第二乐章相比是慢速乐章，也是曲式结构最自由的一个乐章。整个乐章由几个不同的但又有联系的段落组成。它们连绵不断、紧密交织，犹如一首首变奏曲，作曲家称之为“段落变形”。

乐章开始，是一个类似引子的部分。第一小提琴在高音区演奏着第一乐章第三主题（长号主题）的变体，悠长的节奏律动改变了原主题的性格，具有一种遥远的感觉：

谱例 64

随后，这个旋律用对位的方式加以简单的发展，为这一乐章主要主题的出现作了情绪上的准备。这段类似引子的部分最终结束在 E 大调上，并由此引出主要主题。

主要主题由长笛独奏，温柔地吹出。这个主题用音朴素单纯，优美而抒情，以逐渐缩小的旋律音程为其主要特征，也是紧随其后的几个变奏的基础，贯穿于整个乐章中，如：

谱例 65

这个主题基本上是安静的，并具有一种怀旧的气氛。它由不同乐器略加变化地反复陈述着，其他声部则作着对位化的和声处理。接着，是第一个变奏段落。这时音乐速度加快，十六分音符组成的经过句点缀其间，赋予音乐舞曲的性格，不禁使人想到《阿巴拉契亚之春》的舞蹈场景。在第二个变奏段落中，音乐愈发活泼、天真，具有孩子般烂漫的童真情趣。不久，出现朝气蓬勃、勇往直前的第三个变奏段落。在这里，作曲家采用紧密衔接和应答的复调处理手法。夹杂着多调性的经过句，还运用变化的节拍样式，造成旋律节奏与小节线划分的冲突，从而使音乐不断向前推进并达到高潮。最后，音乐逐渐进入弦乐的高音区，小提琴略加变化地演奏着开始时由长笛独奏出的主要主题。

结尾处，小提琴和短笛独奏在竖琴、钢片琴的伴奏下，再现着本乐章开始引子部分的旋律，而背景上衬托的持续和弦，又增添了几分宁静的气氛。整个乐章结束在一个渐弱至消失的大三和弦中。

第四乐章，非常谨慎、坚决的快板，奏鸣曲式。这个乐章是这首交响曲中最长的乐章，也是全曲的核心乐章，由第三乐章不间断地引入。

乐章开始，作曲家将他 1942 年创作的一首管乐曲《普通人的号角花彩》用于此处，作为乐章的引子。它先由长笛和单簧管用 ***pp*** 的力度在降 A 大调上演奏，而后突然用 ***f*** 的力度，由铜管和打击乐在 C 大调上爆发出来：

谱例 66

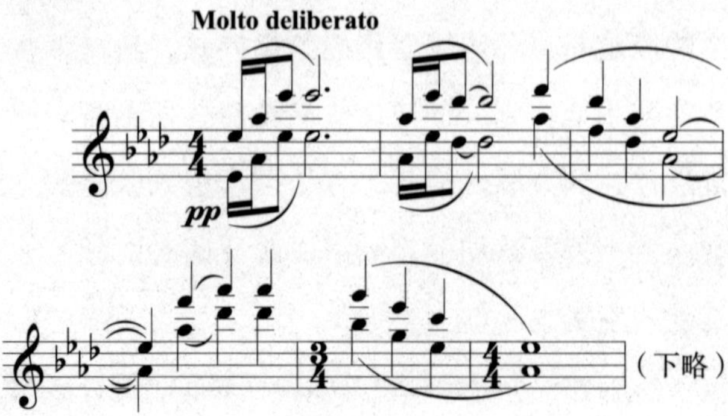

上面这支曲调开始的三音音型与第一乐章第三主题开始的三音动机有着某种内在的联系，也为本乐章宏大的结尾奠定了重要基础。在进入呈示部快板主题之前有一个五小节的过渡段落，段落中低音弦乐器演奏着持续低音，单簧管、大管、大提琴安静地陈述着引子的号角式音调。同时，双簧管在高音区演奏着一支暗示快板主题的旋律。作曲家用这种十分巧妙的方式将两个强有力的对比因素——号角音调与快板主题联系在一起。通过这个过渡段落，音乐稳固地进入呈示部，并引出 D 大调的快板主题。

呈示部的快板主题（第一主题），是由充满活跃律动的十六分音符组成，并由双簧管接续前面过渡段落的演奏在高音区将它奏响：

谱例 67

（下略）

这个主题呈示时采用了赋格手法，其余木管乐器演奏这个主题的派生旋律，与主题交织在一起。这种主题呈示方式是作曲家最精美和令人兴奋的创造之一。随着弦乐和铜管的进入，那些强烈的节奏和急速前冲的音型使音乐充满了欢快的动力。这段欢快的音乐对小提琴演奏者来讲，是要具备很高的演奏技术的，因为大量高把位的快速音型增加了演奏的技术难度。

当音乐进入高潮时，引子号角式的音调由管乐器再次昂扬地奏出，其他乐器则是采用长短不同的时值来陈述这个音调。它们共同交织在一起，使音乐具有一种此起彼伏、呐喊般的辉煌特点。号角式音调在 ***pp*** 的力度中由木管乐器再次吹出之后，音乐即将进入展开部。

这个乐章虽然采用了传统的奏鸣曲式，但在呈示部中并未出现副部主题（第二主题），而是将其镶嵌在展开部中，这是作曲家不同寻常的创作特色之一。

展开部主要是变化发展前面出现过的音乐材料。展开部一开始，第二主题便由弦乐在中音区呈示出来：

谱例 68

（下略）

这个主题宽阔舒展，具有如歌般的性格。它在节奏上亦十分新颖，采用 $\frac{3}{8}$ 拍加 $\frac{2}{4}$ 拍的混合节拍，显现出强烈的拉丁美洲音乐的节奏特点。在第二主题呈示的同时，第一小提琴在高音区继续演奏着那流动的十六分音符，是第一主题的变化展开。

展开部的结尾，乐队全体一起演奏着，各种复杂的切分性节奏交融在一起，展现出壮阔的气势。最后，乐队全体演奏一个尖锐的和弦，其中长笛、短笛和铜管采用滚舌连吐演奏法，使和声音响更具有震撼力，展开部在这个音响高潮中骤然结束。经过了几小节短暂的喘息之后，乐曲从容地进入了再现部。

再现部并不是完全再现，乐章前面若干音乐材料在这部分中有机地结合在一起，有着明显的华彩性。这部分开始，由短笛变化再现了第一主题，其余木管乐器还像在呈示部一样，进行着清新的赋格式的交织。随后，号角式音调出现，它安静地融入第一主题赋格式的音乐呈示中。不久，第一乐章的第一主题由弦乐悠扬地奏出，当这个主题再一次由长号昂扬地奏响时，音乐便进入了最后的结尾。

结尾是一个终曲式的胜利交响合唱，是对整部交响曲的一个宏大的总结。第一乐章第一主题、第四乐章号角式音调和第二主题在这里都做了交响性的展示。音乐在进行曲的风格中雄壮地前进着，显示出庄严壮丽的交响色彩。最后，乐队全体用厚实的音响高奏第一乐章开始的乐句，结束全曲。

这部交响曲不仅有着宏伟的气势和深深的激情，而且也是作曲家心情的一种真实写照。特别是那些朴素、直率的主题，是科普兰感情特征的流露与体现。

《钢琴幻想曲》

《钢琴幻想曲》创作于1952~1957年，是科普兰最重要的三部大型钢琴独奏作品之一，也是三部中最长的一首。另外两部大型钢琴独奏作品是在此之前写的《钢琴变奏曲》和《钢琴奏鸣曲》。这三部作品分别写于科普兰三个不同的创作时期，技术表现上都体现出他的创作水平，始终保持了他的风格特征。特别是最后这部《钢琴幻想曲》，不仅使用了序列写作技巧，显现出抽象性的音乐语言特征，同时又保持了作曲家自己的个性特征，没有失去他特有的音调，听起来仍然是科普兰自己的音乐。

作品是应邀为庆贺朱利亚音乐学院建院五十周年而作，题献给威廉·卡佩尔，1957 年 10 月 25 日，在朱利亚音乐学院音乐厅，由威廉·马西罗斯首演。

这部作品是一个连续的整体，作者采用了单乐章形式，其主题是由一个十个音组成的序列构成，全曲就是在这十音主题上发展起来。一些评论家和学者曾高度评价这部作品，认为能用这样少的材料写出这样宏大的作品，并表现出如此感人的崇高气质，实在是一件了不起的事情。作曲家曾在作品首演的节目单介绍中对作品作了这样的说明："长大的和持续的单乐章形式，对我似乎总是一种作曲家能承担的最费力的任务之一，最大的问题就是对想象力要能自由地控制而又不失去连贯性——即没有失去人们忍耐的'幻想'。我的想法是去尝试一部能暗示幻想特性的作品，那是一种本能和未经事先考虑的，把听众（如果可能的话）从第一个音带到最后一个音的‘偶然事件’的连续。同时，作为结构原则的一个清楚的例子，是否有点儿非常规。”

作品在曲式结构上极为自由，但基本上仍可分为三个部分。虽采用了“序列”作曲技法，但调性倾向性仍渗透在音乐中。

第一部分，基本分为四个小段落。音乐开始是由降E、降B、F、降D、B、升F、A、G、D、C，十个音构成的主题呈示。这个主题分成三个乐句，即前九小节用了四个音，构成第一和第二乐句，第二乐句对第一乐句在节奏时值上作了压缩的重复，都是下行进行，四个音分散在五个八度之中；后六个音构成第三乐句，上行进行，六个音分散在六个八度中。这个主题在音程上所展现出的广阔空间距离，表现出科普兰宽音程的旋律风格。而这十个音所采用的槌头般的强音（***ff***）奏法，更强调出科普兰那强有力的、雄辩的风格个性：

谱例 69

当这个强有力的主题作了进一步的呈示、发展之后，出现了一段与之形成对比并构成平衡的

音乐，这是第二个小段落。它通过右手一个缓慢的歌唱般的旋律与左手一个安静的持续和弦所形成的对比，来展现它的抒情性。为了使音乐表达得更清楚，并能更加简单明了地识别宽距离音程的各个声部，作曲家在这里采用了三行和四行谱表：

谱例 70

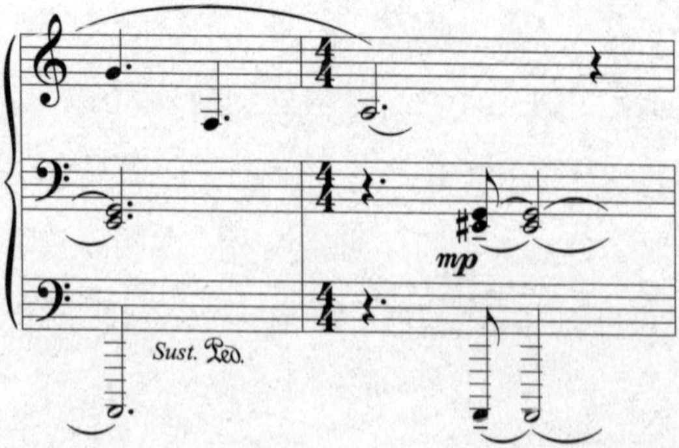

（下略）

不久，音乐进入第三个小段落。这是一个几乎每一拍都由三音音型统治的较长的段落，音乐进一步激动不安起来。作曲家在这个段落的开始明确标明了自由节奏的风格（不静止的、踌躇的）：

谱例 71

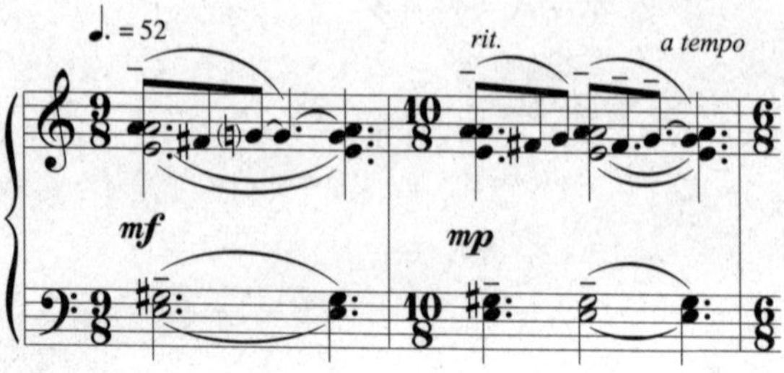

这一部分的最后，出现了安静的、田园风格的第四个小段落，是通向第二部分的一个过渡性段落。节奏舒缓的四声部圣咏式的歌唱，营造出

安宁的气氛：

谱例 72

最后，音乐停留在多调性的长音上。其中，左手由五度、六度音程构成的三音和弦，有些类似古典音乐中的附加音和弦，音乐由此进入第二部分。

第二部分，谐谑曲。这是表现精湛演奏技巧

的乐曲中心部分，可分为包括三声中部的三个部分。音乐开始，仍继续着前面音乐的田园风格，双手的演奏形成一种对话，你来我往、动静相间，音乐精美又富于诗意。继而，对话又变成共同的叙说。随着节拍的不断改变，不断出现的新的节奏样式使音乐逐渐活跃起来。这里有像闪电飞速运行的音符；有用左手精确地控制速度，右手自由伴奏的对比音型；也有表现出勇往直前的活跃音符的涌动。音乐就是在这种热情的气氛中，在无规律的节奏样式中不断展开和前进。

三声中部则充满了幽默诙谐的情调，右手演奏的活泼的短音与左手演奏的静默的单音持续长音形成鲜明对比，为音乐平添了几分稚气：

谱例 73

谐谑曲的再现部分没有作简单的重复，而是继续发展最初的材料，但在情绪上回到了谐谑曲开始的田园风格，同时还再现了三声中部的一些音乐材料。最后，作曲家采用右手暴风雨般的急切的音阶跑动和刮奏，与左手宽距离音程的音列进行形成对比，作为谐谑曲的结束。

第三部分，这是对第一部分的变化再现。全曲开始时分散于几个八度的十个音在这里纵合化地出现，同时又补充进来全曲开始时未出现的升 G 音和 E 音。此时，低音声部仍旧演奏着体现科普兰旋律风格特性的宽距离音程的上行音列进行，音调依旧铿锵有力。从听觉上不难辨别出它是对全曲开始部分音乐的强有力的再现：

谱例 74

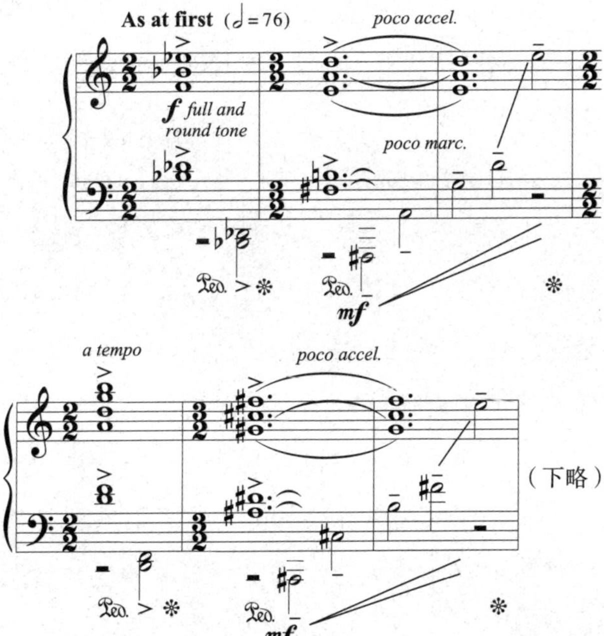

（下略）

在这一部分和后面的结尾中，为了更清晰地表现出各个声部的旋律，作曲家在一些地方仍采用了三行谱表。

结尾，慢速的段落。结尾前五小节音乐，原封不动地再现了第一部分第二个段落开始前的五小节，并由此引出全曲的结尾部分。结尾开始，接续前面的音乐，继续变化再现着第一部分第二个段落的音乐。这种朴素的再现方式，预示着结尾部分的简洁清晰，与第二部分谐谑曲的复杂性形成鲜明对比。

乐曲最后几小节，左右手在相距很远的音区内反方向级进运动，呈现出两个相反的音列，这时右手在几乎听不见的弱奏（***ppp***）中演奏着。全曲最后，当科普兰特有的一个低沉的和弦——槌头般的强音伴随着那个极弱的结束长音逐渐消失后，作曲家已完成了他对钢琴作品激动结束的一个新的突破，即把听众从乐曲绚丽的顶点带入到全曲结束后那无尽的、舒适的袅袅余音中：

谱例 75

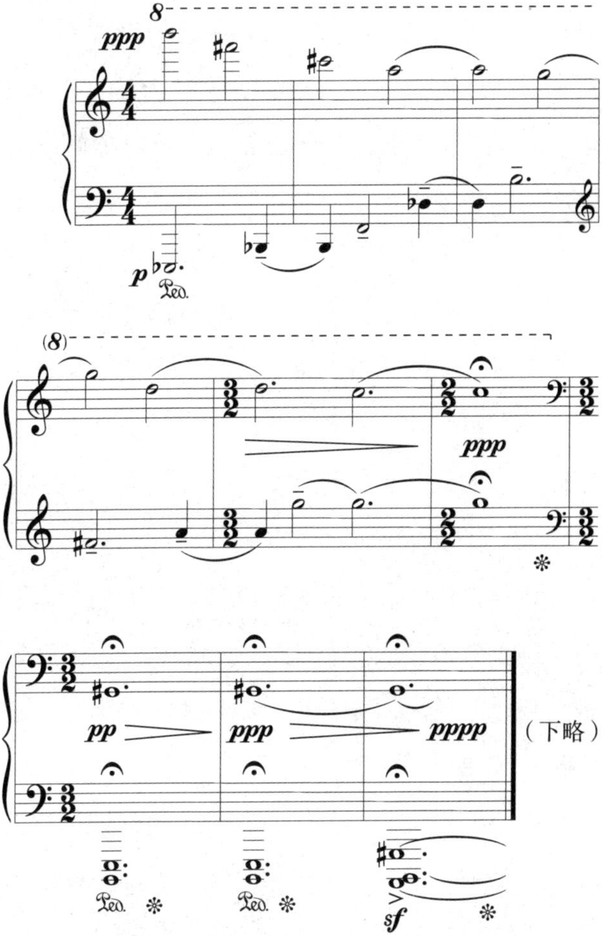

这部作品对听众和演奏家来讲，具有很大的

吸引力。尤其对演奏家来说，更是一个极有价值的挑战。因为钢琴家必须具有足够的技术水平和对音乐的理解洞察力，才能完成对这部作品的演绎。勋伯格曾说过："一般来说……幻想曲能够让演奏家去显示他的光辉，它容纳的不是丰富的美丽主题，而是这样多的给人深刻印象的细节部分。"为了使作品的内在含义表现得更精确，作曲家不仅标明了演奏速度，而且还使用了大量表情术语，以表明速度与感情上的微妙变化，甚至还标明了语气上的变化，如"声音压住，轻声低语""上升的激动""不要任何音"，等等。

这部杰出的作品是科普兰在不断开拓和发展自己的创作道路上的一次成功的尝试。正如科普兰对自己为何运用序列作曲技法去创作而说明的那样："如果去限制我自己朝单一写作方向靠近，固然能坚固地提高我的名誉，但不用怀疑，它也将给予我作为一个创造者很少的满足。"这就是科普兰的性格。

《内涵》

这部作品创作于1961~1962年，是为庆祝林肯中心音乐爱好者礼堂开幕，并庆贺纽约爱乐交响乐团迁往该处，作曲家应邀为纽约爱乐交响乐团而作。当时，乐团的指挥家、作曲家伦纳德·伯恩斯坦对现代音乐一直十分感兴趣，借此开幕良机，乐团便邀请了不同国籍的、风格各异的作曲家们创作新作品，用于开幕时的演出。

《内涵》是科普兰第一部用十二音作曲技法创作的管弦乐作品，也是自1946年完成《第三交响曲》后再次为管弦乐队而写的纯交响乐作品。它采用大型管弦乐队编制，包括六支圆号、四支小号、四支长号、四支大号，以及一个由六人组成的打击乐器组。

在为首演节目单而写的节目介绍中，科普兰讲述了他音乐创作背后的意图："我决定写一部给开幕典礼带来现代特征的作品，来表现当今世界具有的紧张、理想和戏剧性。字典解释'内涵'这个动词的意思是'暗示'，表示'除了基本意义以外'的意义。这里，音列的基本结构是'基本意义'，它意味着探索的范围。接下来的处理是竭力探索其他的含义——瞬息闪现的内涵和作曲家自己可能逐步揭开的内涵。另一方面，听众可以自由地去发现他们自己所理解的意义，包括一些或许多连作曲家都没想到的。"他再次说明："十二音技法提供了大块的材料，但是它不能建造大厦，必须由作曲家来建造。"

作品采用单乐章形式，结构上接近巴洛克时期恰空舞曲的形式，即在开放和弦的基础上采用自由处理的变奏手法。同时，在不破坏内在统一性的对比中，用和弦给予复杂的对位音乐感情爆发的方法。作品中的旋律进行表现出了科普兰的风格特点——宽音程的跳跃和琶音，并经常结合九度音程。全曲大致分为五个段落。第一段是慢速的，由三个在纵向上是四声部的和弦开始；第二段是谐谑曲；第三段速度较慢；第四段又回到谐谑曲；第五段是结尾，与第一段形成对应。这五个段落构成一个“拱形”的结构形式。

第一段，具有强烈的戏剧性。音乐开始，出现三个纵向上的四声部和弦，它包含了“音列”全部十二个半音，没有任何一个重复音，由两支小号和两支长号演奏。与此同时，在这三个和弦的弱拍处，由剩下的两支小号和两支长号作原和弦的重复，并引入有意义的节奏因素：

谱例 76

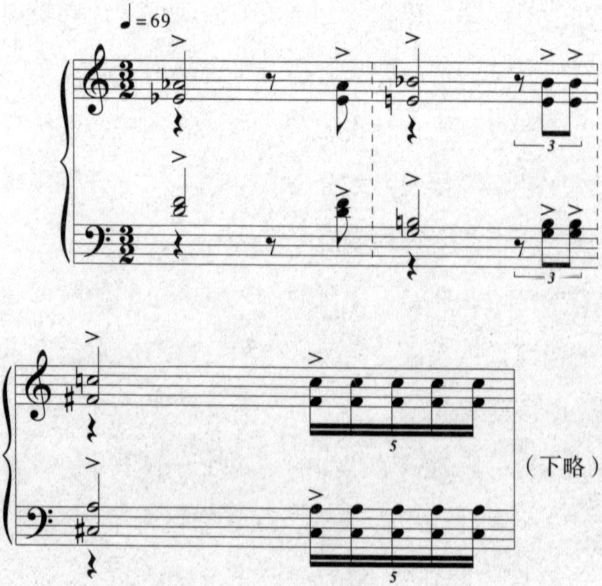

开始，这三个和弦及它内含的音程旋律为全曲提供了基本架构，和弦横向排列所形成的旋律线为作品提供了更为抒情的音调。第一次呈示之后，这三个和弦随即又重复一次，但此次已经变换了音的位置，即每一个和弦内的音被重新分配。在十二音技法中，音列的顺序可以有多种安排和解释，每一个和弦内的音都可以从上面或下面开始被重新排列。在这一乐句的结尾，作曲家采用了两个有力的和弦来强调结尾，先是休止一小节，而后一个长音和弦接一个短音和弦，产生出了极度不协和的异常音响：

谱例 77

（下略）

之后，出现一些由十二音构成的抒情旋律。下面是其中一支旋律，由双簧管、英国管、小号和小提琴奏出，除了 A 音之外，呈现了所有十一个半音。这支旋律表现了科普兰那雄辩的风格，这样的旋律发展，可以在科普兰《交响颂歌》《第三交响曲》《管弦乐变奏曲》中看到。

谱例 78

在这一段音乐中，还可以看到作曲家所采用的性格完全不同的旋律对比。

下面一例是当大提琴演奏着简单的、类似帕萨卡利亚音乐风格的旋律时，在其上方，木管乐器演奏着短的十六分音符的、具有一种幽默装饰的短句：

谱例 79

（下略）

第二段，是一个谐谑曲段落，快板。这个段落由打击乐引出，而后便先后呈现出三个不同的旋律。这三支新创作的旋律都是从全曲开始时的三个和弦中，按照顺序衍变发展来的。它们被赋予不同的节奏，先后由大提琴、木管和小号演奏：

谱例 80

旋律一（大提琴）

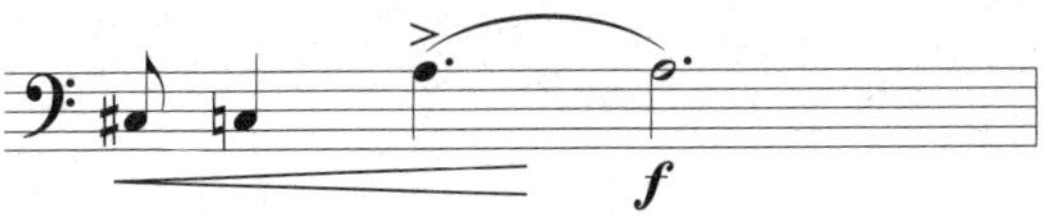

（下略）

旋律二（木管）

（下略）

旋律三（小号）

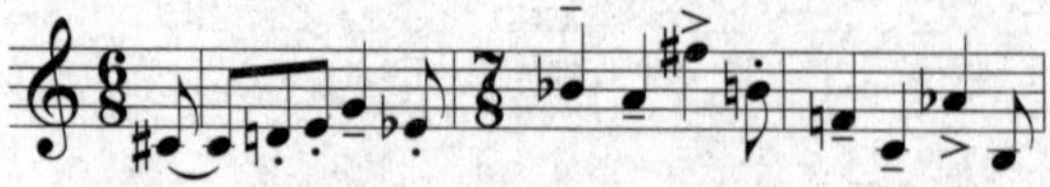

（下略）

在这些旋律中，我们仍可看到科普兰那些宽音程的大跳和多变节奏的旋律风格特点。这种基于开始三个和弦的旋律变奏形式，贯穿于整部作品中。另外值得注意的是，有些旋律和节奏的发展，很像作曲家三十年前写的《短交响曲》第一乐章的一些片段，这说明了作曲家风格发展中的传承因素。

第三段，音乐又回到稍慢的速度，出现了富于抒情性的舒展旋律。尽管音乐是无调性的，但人们仍能从这些抒情的旋律中感受到科普兰那在调性音乐中的品质。下面一例，是由双簧管演奏的一个不长的对比短句，那熟悉的节奏和旋律，让人们不禁回忆起《第三交响曲》第二乐章中的一个片段：

谱例 81

《第三交响曲》第二乐章片段：

第四段，音乐回到谐谑曲中，快板。在音乐不断发展的过程中，一个强有力的主题被双声部对位的手法呈示出来，它的形成也是基于全曲开始的三个和弦。在这里，音列的顺序做了调整，这个主题由弦乐组分成两部分奏出：

谱例 82

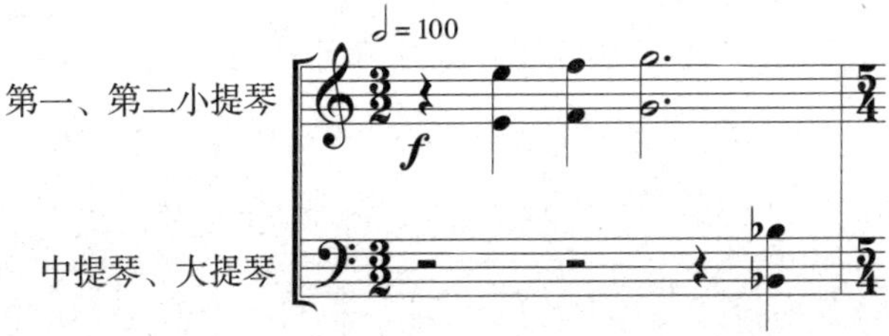

第五段，结尾，回到第一段的速度。这是一个具有再现意味的终曲，是对作品主要思想的概括，它把人们又带回到开始时的音乐中。这段再现的意义在配器上也明显地表现出来，特别是本段开始时的钢琴独奏与第一段中的钢琴独奏遥相呼应，使人更加明显地感觉到了第一段音乐的重现。这段音乐较之第一段音乐做了压缩，并构成了一个辉煌的结束。

全曲的结束极为不同凡响，它终止在一个新的、又是熟悉和具有力量，以及不寻常的音响巅峰上。这样的结束，在作曲家以前的作品（如《第一交响曲》《钢琴协奏曲》《交响颂歌》《第三交响曲》《管弦乐变奏曲》）中都出现过。然而，《内涵》的结束，胜过以前所有的强烈与不和谐。

它不仅仅是通过和声中所有十二个半音全部同时发响创造出来，同时在配器上还采用了长笛、圆号、小号演奏者舌的颤动，以及通过金属钢板和锣演奏最强音响（***fff***）的令人生畏的音流倾泻来加强音响的厚度，使音响达到了极端的顶峰。这恐怕是科普兰所有作品中最响亮的管弦乐音乐了，在这样一种壮观的气氛中乐曲完满结束。

这部作品在首演时，音乐中尖锐的和声音响被新礼堂的声场反射得更尖锐化，搅乱了许多“安分守己”的观众，特别是那些还在盼望出现另一部《阿巴拉契亚之春》的人们。当人们试图将这类“严肃”的作品与《阿巴拉契亚之春》那类“流行”的作品分开时，科普兰指出：“我认为，我写的音乐来自独自的想象，当结果不同时，是因为我重视对每一部新作品所设想的目的，以及我开始写作所用的音乐材料的性质不同。……英国评论家威尔弗里德·梅勒斯说了这样一句话：‘两种风格之间不存在根本的不同，同一的感觉使技术手段能适应预期的目的。’我相信他说的是事实。”

三、作品目录[①]

① 引自《牛津音乐词典》（第六版）"科普兰"条目，人民音乐出版社 2023 年版，第 281—282 页。

歌剧:《温柔乡》(*The Tender Land*，1952～1954，修订于 1955 年)。

芭蕾舞剧:《格罗格》(*Grohg*，1922～1925)；《小伙子比利》(*Billy the Kid*，1938)；《牧区竞技》(*Rodeo*，1942)；《阿巴拉契亚之春》(*Appalachian Spring*，1943～1944)。

管弦乐：管风琴交响曲(1924，无管风琴版即第一交响曲，1928)；《剧院音乐》(*Music for the Theater*，1925)；钢琴协奏曲(1926)；《交响颂歌》(*Symphonic Ode*，1928～1929，修订于 1955 年)；《舞蹈交响曲》(*A Dance Symphony*，1930，基于芭蕾舞剧《格罗格》)；《短交响曲》(*Short Symphony*，即第二交响曲，1932～1933)；《声明》(*Statements*，1932～1935)；组曲《小伙子比利》(*Billy the Kid*，1938)；组曲《墨西哥沙龙》(*El salón México*，1933～1936)；《户外序曲》(*An Outdoor Overture*，1938，1941 年改编为乐队)；《寂静的城》(*Quiet City*，1939)；《我们的城镇》(*Our Town*，同名电影音乐组曲，1940)；《林肯肖像》(*A Lincoln Portrait*，

朗诵与管弦乐队，1942）；《普通人的号角花彩》（*Fanfare for the Common Man*，1942）；《电影音乐》（*Music for the Movies*，1942）；组曲《牧区竞技》（*Rodeo*，1943）；组曲《阿巴拉契亚之春》（*Appalachian Spring*，1945）；第三交响曲（1944～1946）；单簧管协奏曲（1947～1948）；《管弦乐变奏曲》（*Orchestral Variations*，1957，系《钢琴变奏曲》的管弦乐版）；《内涵》（*Connotations*，1962）；《伟大城市的音乐》（*Music for a Great City*，1964）；《拉丁美洲素描3首》（*3 Latin-American Sketches*，1972）；《内省》（*Inscape*，1967）。

合唱：《山上的房子》（*The House on the Hill*，1925）；《太初》（*In the Beginning*，次女高音与合唱，1947）；《自由之歌》（*Canticle of Freedom*，1955，修订于1965年）。

室内乐：《碰上一天》（*As it fell upon a day*，女高音、长笛与单簧管，1923）；《2首小曲》（*2 Pieces*，弦乐四重奏，1923～1928，亦有弦乐队版）；《维捷布斯克（犹太主题练习曲）》[*Vitebsk (Study on* *a Jewish Theme)*，钢琴三重奏，1928]；小提琴奏鸣曲（1943）；钢琴四重奏（1950）；弦乐九重奏（1960）；《二重奏》（*Duo*，长笛与钢琴，1971）；《丧歌（悼念斯特拉文斯基）》[*Threnody*（*in memoriam Stravinsky*），长笛四重奏，1971]。

钢琴：《猫和老鼠》（*The Cat and the Mouse*，1920）；《PF：》（1930；管弦乐版，1957）；奏鸣曲（1939～1941）；《幻想曲》（*Fantasy*，1952～1957）。亦作有钢琴组曲《小伙子比利》（*Billy the Kid*）和《我们的城镇》（*Our Town*）。

另作有歌曲《埃米莉·迪金森诗12首》（*12 Poems of Emily Dickinson*，1950）和《古老的美国歌曲》（*Old American Songs*，1950～1952），以及电影音乐《鼠与人》（*Of Mice and Men*，1939）、《我们的城镇》（*Our Town*，1940）、《小红马》（*The Red Pony*，1948）和《女继承人》（*The Heiress*，1949，获奥斯卡金像奖）。

KEPULAN

图书在版编目(CIP)数据

科普兰 / 何平编著. -- 北京 : 人民音乐出版社, 2023.5（2024.5重印）
（外国音乐欣赏丛书）
ISBN 978-7-103-06516-7

Ⅰ. ①科… Ⅱ. ①何… Ⅲ. ①科普兰（Copland, Aaron 1900-1990）－生平事迹②科普兰（Copland, Aaron 1900-1990）－音乐评论
Ⅳ. ①K837.125.76 ②J605.712

中国国家版本馆CIP数据核字（2023）第056374号

责任编辑：李亚芳　马圆瑞
责任校对：王　珍
封面设计：王　华

人民音乐出版社出版发行
（北京市东城区朝阳门内大街甲55号　邮政编码：100010）
Http://www.rymusic.com.cn
E-mail:rmyy@rymusic.com.cn
新华书店北京发行所经销
北京隆昌伟业印刷有限公司印刷
880×1230毫米　32开　6.5印张
2023年5月北京第1版　2024年5月北京第2次印刷
印数：3,001—4,000册　定价：27.00元

读者服务部联系电话:（010）58110591
如有缺页、倒装等质量问题,请与出版部联系调换。电话:（010）58110533